Mosaik

AUS DER BISTROKÜCHE

Scampi !
Fisch ! etc...

Zusammenstellung der Rezeptsammlung: Heidrun Schaaf

Mosaik Verlag

Bildnachweis
Mosaik Verlag / Brauner S. 9,
Eising S. 39, 57,
Feuz S. 23,
Goldmann S. 73
Alle Steps: Rechte beim Mosaik Verlag

Der Mosaik Verlag ist ein Unternehmen der Verlagsgruppe Bertelsmann

Redaktion: Heidrun Schaaf, München
Fotograf aller Bistro-Aufnahmen: Peter Knaup, Paris
Illustrationen: Petra Dorkenwald, München
Umschlaggestaltung: Ellen Bellinger
Buchgestaltung: Peter Pleischl, München
DTP: Renate Dräger, München
Reproduktionen: Artilitho, Trento
Druck und Bindung: Alcione, Trento
Printed in Italy
ISBN 3-576-10645-6

Die Franzosen, immer schon begeisterte Gourmets und Gourmands, lieben *ihr* Bistro. Es ist ihre zweite Heimat. Hier fühlt man sich wohl, ist gut aufgehoben, kann zwanglos essen und trinken. Das Tagesgericht schmeckt stets ausgezeichnet, fast wie zu Hause. Beim Essen plaudert man mit dem Wirt, genießt ein Glas sauberen Landwein, knabbert an einer Baguette und diskutiert die Tagesgeschehnisse ...

Diese gemütliche, legere Atmosphäre kann man auch zu Hause mit wenig Aufwand schaffen. Ist doch die unkomplizierte Küche eines Bistros genau die Küche für unsere eilige Zeit. Kein stundenlanges Stehen und Brutzeln ist erforderlich, kein Aufwand beim Tischdecken, keine schweren, belastenden Mahlzeiten kommen auf den Tisch. Eher herrscht Schlichtheit vor. Das Hauptaugenmerk ist vielmehr auf Frische und Qualität der Ausgangsprodukte gerichtet, besonders, wenn es sich – wie beim Thema dieses Kochbuches, um Gerichte mit Meeresgetier handelt.

Zwar machen es moderne Transportmittel heute möglich, daß Fische und Meeresfrüchte in kürzester Zeit an den Verbraucher gelangen und nahezu überall erhältlich sind, dennoch ist beim Einkauf kritisch vorzugehen: Frischer Fisch hat keinen Eigengeruch, die Augen sind prall hervortretend, die

Kiemen tiefrot und die Schuppen glänzend. Alles muß danach aussehen und riechen, als wenn der Fisch etc. gerade aus dem Wasser gezogen wurde. Bei Fischscheiben muß das Fleisch fest an den Gräten sein und bei Druck elastisch zurückschnallen. Frischemerkmal bei Schalen- und Krustentieren ist ebenfalls die Geruchlosigkeit. Bei Schalentieren ist oberstes Gebot, daß alle bereits geöffneten aussortiert werden. Bei Beachtung dieser genannten Kriterien ist es dann leicht, anhand der folgenden Rezepte (von schlicht bis edel-raffiniert) Gerichte à la Bistro zu zaubern, die garantiert jeden Fischfan – und solche, die es werden wollen – überzeugen.

SCAMPI & HUMM
LUSTVOLL

Scampi in Knoblauch-Kräuter-Butter (Rezept Seite 11)

ER – GENIESSEN

Den Panzer der Scampi am Rücken leicht einritzen und den dunklen Darm entfernen.

Gegrillte Scampi mit Limettensauce

◎ Für 2 Personen
◎ Pro Portion: ca. 310 kcal

8 frische Langustinen (Scampi, à 50 g), 1 Knoblauchzehe, 1 Zweig Thymian, 1 TL Zitronensaft, 1 EL Olivenöl, Pfeffer aus der Mühle
LIMETTENSAUCE: 10 g Butter, 1 EL gehackte Schalotte, 2 cl Fischfond (aus dem Glas), 2 cl Noilly Prat (trockener, französischer Wermut), 2 EL Sahne, Saft und Schale von 1/2 Limette, Pfeffer aus der Mühle, 1 EL steifgeschlagene Sahne, 1 TL gehackte Petersilie

1 Scampi waschen und trockentupfen. Den Panzer auf dem Rücken mit einer Schere leicht einschneiden, dabei mit einem spitzen Messer den Darm entfernen.

2 Den Grill vorheizen. Die Knoblauchzehe schälen und zerdrücken, die Thymianblättchen abzupfen. Beides mit Zitronensaft und Öl vermischen und mit Pfeffer würzen.

3 Den Grillrost mit Alufolie belegen, die Scampi nebeneinander darauf anordnen und mit der Ölmarinade bestreichen. Auf der oberen Schiene von beiden Seiten je 4 Minuten grillen, dabei zwischendurch mit der Marinade bestreichen.

4 Währenddessen für die Sauce die Butter in einer Kasserolle erhitzen und die Schalottenwürfel darin glasig braten. Mit Fischfond, Wermut und Sahne aufgießen und bei starker Hitze auf ein Drittel einkochen lassen. Den Limettensaft

und die -schale hinzufügen, kurz erhitzen und mit Salz und Pfeffer abschmecken. Zum Schluß die Schlagsahne und die Petersilie untermischen.

5 Die Scampi auf einer vorgewärmten Platte anrichten, die Limettensauce getrennt reichen.

Beilage: Weißbrot und gemischter Blattsalat

Scampi in Knoblauch-Kräuter-Butter

- Für 4 Personen
- Pro Portion: ca 170 kcal
- Siehe Abbildung S. 9

4–6 Knoblauchzehen, 2 EL Butter, 2 EL Olivenöl, 1 kleine getrocknete Chilischote, 500 g frische oder aufgetaute Scampi, Salz, Pfeffer aus der Mühle, Saft von ½ Zitrone, 2 Bund glatte Petersilie

1 Die Knoblauchzehen schälen und in ganz feine Scheiben schneiden.

2 Die Butter und das Olivenöl in einer breiten Pfanne erhitzen. Die Knoblauchscheiben und die Chilischote zufügen und den Knoblauch bei ganz schwacher Hitze goldgelb werden lassen.

3 Inzwischen die Scampi kalt abbrausen und aus der Schale lösen. In die Pfanne geben und 6 Minuten braten, dabei immer wieder umrühren. Mit Salz, Pfeffer und Zitronensaft würzen.

4 Die Petersilie abbrausen, trockentupfen, abzupfen und nicht ganz fein hacken. Zum Schluß unter die Scampi mischen.

Scampi, auch Langustinen oder Kaisergranat genannt, lassen sich vielseitig verwenden. Sie sind, ob gebraten, gebacken, gekocht oder gegrillt, ein wahres Festessen.

Mit einem Kugelausstecher kleine Kugeln aus dem Melonenfleisch ausstechen.

Scampi und Melonenkugeln in einem Siebeinsatz über Wasserdampf garen.

Scampi mit Melone und Lauch

- Für 4 Personen
- Pro Portion: ca. 320 kcal

2 kleine Porreestangen, 1 Melone (z. B. Kantalup), 12–16 Scampi (je nach Größe), 2 Schalotten, 2 EL Butter, 1 EL trockener Sherry, 1/8 l weißer Portwein, 2 EL Sahne, 60 g Butter, Salz, Pfeffer aus der Mühle, 1 Prise Cayennepfeffer

1 Die zarten grünen Blätter der Porreestangen in sehr feine Streifen schneiden. Aus der Melone sehr kleine Kugeln stechen.

2 Die Scampi schälen, dabei den Darm entfernen (tiefgekühlte Scampi auftauen lassen).

3 Die Schalotten fein hacken und in der Butter kurz andünsten. Die Porreestreifen zufügen, 2–3 Minuten dünsten und mit 4 Eßlöffeln Wasser ablöschen.

4 Einen Siebaufsatz mit etwas Butter bestreichen und die Scampi nebeneinander hineinlegen. Das Sieb auf den Topf mit dem Gemüse setzen und die Scampi im Dampf etwa 3–5 Minuten (je nach Größe) garen.

5 Die Melonenkugeln ebenfalls im Dampf kurz erhitzen und auf einem Rechaud warm stellen.

6 Die nicht verdampfte Flüssigkeit bis auf etwa einen Eßlöffel reduzieren und den Sherry und Portwein hinzufügen.

7 Die Sahne unter die Flüssigkeit rühren, dann die in kleine Stücke geschnittene Butter zugeben und unter Schwenken in der Sauce schmelzen lassen. Mit Salz, Pfeffer und Cayennepfeffer pikant abschmecken.

8 Die Sauce auf den Scampi verteilen und mit den warmen Melonenkugeln garnieren.
Beilage: Frisches Weißbrot und ein Blattsalat.

Scampi mit Pesto

- Für 4 Personen
- Pro Portion: ca. 665 kcal

12 Langustinen (Scampi), Salz, Pfeffer aus der Mühle, 3 EL Olivenöl
PESTO: 1 TL grobes Meersalz, 3 Knoblauchzehen, 60 g Pinienkerne, 200 g Basilikum, 40 g frischgeriebener Pecorino (harter Schafskäse), 80 g frischgeriebener Parmesan, 1/4 l Olivenöl

1 Für den Pesto Salz, geschälte Knoblauchzehen, Pinienkerne und die abgezupften Basilikumblätter in der Küchenmaschine rasch zerhacken, dann die beiden geriebenen Käsesorten untermischen.
2 Das Olivenöl erwärmen und die Pestomischung unter Rühren mit einem Kochlöffel dazugeben. Beiseite stellen.
3 Von den Langustinen die Köpfe ablösen und das Fleisch aus den Schalen brechen. Den dunklen Darm am Rücken mit einem spitzen Messer entfernen. Die Langustinen mit Salz und Pfeffer würzen. Das Olivenöl erhitzen und die Krustentiere bei starker Hitze auf beiden Seiten je 1 Minute braten. Auf einer Platte anrichten und mit dem Pesto servieren.
Beilage: Baguette und ein trockener Weißwein.

Anstelle von Pesto können Sie auch eine etwas kräftigere Vinaigratte zu den gebratenen Scampi servieren, bei der Sie mit Knoblauch nicht zu geizen brauchen.

Zuerst die Köpfe abtrennen, dann läßt sich das Fleisch der Garnelen besser aus der Kruste lösen.

Garnelen am Kopfende anrichten und den braunen Darm mit einer spitzen Gabel herausziehen.

Riesengarnelen mit Thymian-Butter-Sauce

◎ Für 4 Personen
◎ Pro Portion: ca. 300 kcal

12 Riesengarnelen, Salz, Pfeffer aus der Mühle, 2 Zweige Thymian, ½ TL Butter
SAUCE: 2 EL Schalotten, fein gehackt, 2 EL Weißweinessig, 4 EL trockener Weißwein, 80 g kalte Butter, 1 EL trockener Wermut, 2 EL Sahne, Salz, Pfeffer aus der Mühle, 1 TL Thymian, gehackt

1 Von den Garnelen die Köpfe entfernen. Das Fleisch aus der Kruste lösen. Am unteren Ende ein kleines Stück stehenlassen, damit der Schwanz ganz erhalten bleibt. Am oberen Ende mit einem spitzen Messer einen kleinen Schnitt anbringen und den Darm (brauner Faden) herausziehen. Die Garnelen mit Salz und Pfeffer bestreuen. Einen Topf mit passendem Siebeinsatz 4 cm hoch mit Wasser füllen, die Thymianzweige hineingeben und das Wasser aufkochen.

2 Für die Sauce die Schalotten mit dem Essig und dem Weißwein bei schwacher Hitze kochen, bis nur noch 3 Eßlöffel Flüssigkeit vorhanden sind. Durch ein Sieb in einen breiten Topf gießen.

3 Die Butter in kleine Würfel schneiden. Den Fond mit dem Wermut aufkochen. Die Sahne zufügen und die Sauce nochmals erwärmen. Dann bei schwacher Hitze die Butter nach und nach unter kräftigem Schwingen mit dem Schneebesen unter die Sauce schlagen. Mit Salz und Pfeffer abschmecken und den Thymian zugeben.

4 Den Siebeinsatz mit Butter bestreichen. Die Garnelen hineinlegen, auf das kochende Wasser setzen, zudecken und in 2–3 Minuten im Dampf garen.

5 Die Sauce auf warme Teller verteilen und die Garnelen darauf anrichten.

Langustinenspießchen vom Grill

◎ Für 4 Personen
◎ Pro Portion: ca. 300 kcal

24 Langustinenschwänze oder Schwänze von Riesengarnelen, Meersalz, 4 möglichst frische Lorbeerblätter, 100 g durchwachsener Speck in dünnen Scheiben, 2 EL Olivenöl zum Grillen, 2 EL frischgeriebene Semmelbrösel, gehackte Petersilie

1 Langustinenschwänze aus den Schalen lösen und leicht salzen. Lorbeerblätter vierteln.

2 Auf 4 Grillspießchen (aus Metall) abwechselnd Speckscheiben, Langustinenschwänze und Lorbeerviertel aufreihen. Mit Öl bespinseln.

3 Die Semmelbrösel in einen Teller geben und die Spießchen leicht darin wenden. Den Grillrost mit einem Pinsel einfetten, Grill vorheizen.

4 Die Spießchen auf den Grill legen und die Langustinen in 5–6 Minuten goldgelb bräunen lassen. Mit Petersilie bestreut auftragen. Sie können die Spießchen auch in einer großen Eisenpfanne in etwas Olivenöl braten.

Beilage: knuspriges Weißbrot und Tomatensalat mit Basilikum.

Man kann die Speckscheiben auch in Streifen schneiden und einzeln um die Langustinenschwänze wickeln, ehe man sie auf die Spießchen steckt.

Den gegarten Hummer vom Kopf bis zum Schwanz halbieren.

Hummer mit Kräutersauce

◎ Für 2 Personen
◎ Pro Portion: ca. 320 kcal

1 Hummer (ca. 800 g)
SUD: 1 Möhre, 2 Schalotten, 1 EL Olivenöl, 2–3 Petersilienstiele, ½ Lorbeerblatt, 1 kleine Knoblauchzehe, 3 l Wasser, 1 TL Salz
SAUCE: 3 EL Crème double oder Crème fraîche, 3 EL saure Sahne, ½ TL scharfer Dijonsenf, Salz, Pfeffer aus der Mühle, ½ EL Kerbel, gehackt, ½ TL Estragon, gehackt

1 Für den Sud die Möhre und die Schalotten schälen. Beides in Scheiben schneiden und im heißen Olivenöl leicht anbraten. Den Thymian, die Petersilienstiele, das Lorbeerblatt und die geschälte, halbierte Knoblauchzehe dazugeben, kurz mitbraten. Das Wasser angießen, das Salz zufügen und den Sud 10 Minuten kochen lassen.

2 Den Hummer mit dem Kopf voraus in den starkkochenden Sud geben. Bei großer Hitze 1 Minute weiterkochen, dann die Hitze auf die unterste Stufe reduzieren. Den Topf zudecken und von der Kochstelle ziehen. Den Hummer 10 Minuten im Sud ziehen lassen.

3 Für die Sauce alle aufgeführten Zutaten gut verrühren. Bis zum Servieren bei Raumtemperatur stehenlassen. Falls sie im voraus zubereitet wird, 10 Minuten vor dem Anrichten aus dem Kühlschrank nehmen.

4 Den Hummer aus dem Sud nehmen. Mit einem spitzen Messer den Kopf zwischen den Augen einstechen, damit etwas Wasser ausläuft.

5 Den Hummer flach auf die Arbeitsfläche legen. Mit dem Messer vom Kopf bis zum Schwanz halbieren. Den Mageninhalt beim Kopf entfernen. Die Scheren mit einer Hummerzange aufbrechen oder mit einem schweren Gegenstand so öffnen, daß man am Tisch das darin enthaltene Hummerfleisch mühelos herausnehmen kann.

6 Pro Person einen halben Hummer anrichten. Die Sauce dazu servieren. Nach Belieben etwas Blattsalat und frisches Weißbrot dazu reichen.

Flambierte Crevetten

◎ Für 4 Personen
◎ Pro Portion: ca. 180 kcal

12 Riesencrevetten, Saft von 1 Zitrone, 2 Gemüsezwiebeln, 2 Knoblauchzehen, 1 EL Butter, Salz, Pfeffer aus der Mühle, 1 Msp. edelsüßer Paprika, 2 cl Cognac zum Flamieren

1 Crevetten waschen, schälen, mit Zitronensaft beträufeln. Etwas ziehen lassen. Zwiebeln und Knoblauchzehen schälen und kleinhacken.

2 Die Butter in einer breiten Pfanne zerlassen und die Zwiebeln und Knoblauchzehen glasig andünsten. Die Crevetten dazugeben, mit Salz, Pfeffer und Paprika würzen und zugedeckt bei schwacher Hitze 20 Minuten garen.

3 Vor dem Servieren mit Cognac flambieren. Dafür den Cognac in eine kleine Schöpfkelle geben und über einer Spiritusflamme erhitzen, dann anzünden. Brennend über die Crevetten gießen.

Zum Flambieren eignen sich nur hochprozentige Spirituosen. Alles, was unter 40 Vol.% liegt, ist nicht zu empfehlen wegen der schlechten Brennbarkeit.

Flambierter Hummer

Zuerst die Hummerscheren abschneiden, danach den Hummer längs halbieren.

◎ Für 2 Personen
◎ Pro Portion: ca. 475 kcal

1 mittelgroßer Hummer, Salz, 3 gehackte Schalotten, 2 EL Butter, 2 EL Cognac
SAUCE: 30 g Butter, 1 große, gehackte Zwiebel, 1 EL Butter, 2 geschälte, reife Tomaten, 1/2 TL Tomatenpüree, 0,2 l Weißwein, 2 Msp. Fleischextrakt, 1 Prise Zucker, Salz, Pfeffer aus der Mühle, 1 Prise Cayennepfeffer, 1 Knoblauchzehe, 1 TL gemischte, gehackte Kräuter (Petersilie, Kerbel und Estragon)

Zerbrochene Hummerscheren zusammen mit Zwiebelwürfeln in Butter dünsten.

1 In einem großen Topf Wasser zum Kochen bringen. Etwas Salz zugeben und den Hummer mit dem Kopf zuerst hineingeben. Nach etwa 5 Minuten das Wasser abgießen und den Hummer etwas abkühlen lassen.

2 Den Hummer aufbrechen: Zuerst die Hummerscheren abschneiden oder abdrehen, dann den Hummer mit einem großen Messer der Länge nach halbieren. Für die Sauce die grünliche, cremige Leber (ein begehrter Teil des Hummers) mit einem Löffel aus den Schalenhälften kratzen. Mit 30 g Butter zu einer Paste verarbeiten und beiseite stellen: Den ungenießbaren Darm aus dem Hummer entfernen und die dünnen Beine abdrehen.

3 Das Hummerfleisch, bis auf das der Scheren, in Würfel schneiden.

4 Die Zwiebelwürfel mit den zerbrochenen Schalen der Scheren in dem 1 Eßlöffel Butter glasig dünsten. Die Tomaten kleinschneiden und mit dem Tomatenpüree zu den Zwiebeln geben,

mit Wein ablöschen, alles zu einem weichen Mus schmoren lassen und durch ein feines Sieb streichen.

5 Das Hummerfleisch mit den Schalotten in der Butter kurz dünsten. Den erwärmten Cognac darübergießen und flambieren. Aus der Pfanne nehmen und warm stellen.

6 Die vorbereitete Sauce mit Fleischextrakt, den Gewürzen und dem durchgepreßten Knoblauch in den Bratenfond des Hummers geben. Die Butter-Leber-Paste unter die Sauce schlagen.

7 Die Sauce zum Hummerfleisch gießen und mit den Kräutern bestreuen. Dazu paßt Reis.

Panierte Scampi

- Für 4 Personen
- Pro Portion: ca. 275 kcal

1 kg frische oder tiefgekühlte Langustinenschwänze (Scampi), Olivenöl zum Ausbacken, 2 Eier, Meersalz, Pfeffer aus der Mühle, Mehl, Zitronenspalten

1 Tiefgekühlte Scampischwänze auftauen lassen. Die Scampischwänze aus der Schale lösen. Reichlich Öl erhitzen. Die Eier mit Salz und Pfeffer verquirlen.

2 Die Scampischwänze zuerst in Mehl, dann in den Eiern wenden. In dem heißen Öl von allen Seiten in einigen Minuten goldbraun backen. Sofort ganz heiß servieren und Zitronenspalten, Weißbrot und eine frisch angerührte Remouladensauce dazu reichen.

Man kann die Scampischwänze noch zusätzlich in Semmelbröseln wenden oder anstelle von Ei und Semmelbröseln in einem Eierkuchenteig ausbacken. Dabei geht aber leicht der süßliche, feine Eigengeschmack der rosigen Meeresfrüchte verloren.

Die pürierte Blumenkohlsauce noch durch ein Haarsieb streichen.

Hummer auf Blumenkohl mit Rotweinbutter

◎ Für 4 Personen
◎ Pro Portion: ca. 780 kcal

1 großer Blumenkohl, Salz, 1/4 l Fond aus Fisch, Kalb oder Gemüse, 500 g Sahne, 4 cl Noilly Prat (trockener französischer Wermut), 2 cl Zitronensaft, 2 frische oder gekochte Hummer (à 400 g), 30 g geklärte Butter
ROTWEINBUTTER: 2 cl Aceto Balsamico, 1/4 l Rotwein, 1/4 l Portwein, 2 gehackte Schalotten, 100 g kalte Butter

1 Den Blumenkohl putzen, waschen, in kleine Röschen teilen und die Stiele kleinschneiden. In kochendem Salzwasser bißfest kochen. 2/3 der Röschen mit einem Schaumlöffel herausnehmen und beiseite legen. Das restliche Gemüse etwas weicher kochen.

2 Fond, 250 g Sahne, Wermut und Zitronensaft in einer Sauteuse oder einem hochwandigen Topf bei starker Hitze um ein Drittel einkochen lassen. Dann mit dem gut abgetropften, weichgekochten Blumenkohl pürieren. Die Masse durch ein Sieb streichen und noch einmal aufkochen lassen.

3 In einem großen Kochtopf reichlich Wasser zum Kochen bringen, die Hummer mit dem Kopf voran hineingeben und in etwa 8 Minuten gar kochen.

4 Für die Rotweinbutter den Rotwein mit Portwein, Essig und Schalotten bei starker Hitze fast einkochen lassen. Durch ein Sieb passieren

und den Sud mit der kalten Butter in kleinen Flöckchen binden.

5 Für die Gemüsegarnitur die Blumenkohlröschen in der erhitzten, geklärten Butter anschwitzen, mit 4 Eßlöffeln Blumenkohlkochwasser ablöschen, die restliche Sahne hinzugießen, salzen, pfeffern und bei starker Hitze sämig einkochen lassen.

6 Die Hummer aus dem Kochwasser nehmen, abtropfen lassen, mit einem schweren Küchenmesser der Länge nach spalten. Den Gallensack hinter dem Kopf mit dem anhängenden Darm entfernen und wegwerfen. Das Fleisch sowie den eventuell vorhandenen Corail (Rogen) herauslösen. Die Hummerscheren aufbrechen und das Fleisch ebenfalls auslösen.

7 Hummerfleisch auf dem Blumenkohl anrichten, mit der Blumenkohlsauce umgießen. Die Rotweinbutter separat dazu reichen.

Hummer sind fast ganzjährig in Delikateßgeschäften zu bekommen. Sie werden vor allem im Atlantik vor den Küsten der Bretagne, Norwegens, Irlands und Kanadas gefangen.

AUSTERN, MUS
– IMBISS VOM

Muscheln im Kräutersud (Rezept Seite 29)

CHELN & CO FEINSTEN

Austern in Currysahne mit Chicorée

◎ Für 4 Personen
◎ Pro Portion: ca. 430 kcal

1 Chicorée, 16 Austern, 1/4 l trockener Weißwein, 1/4 l Wasser, 200 g Crème fraîche, 50 g Sahne, 1 TL feiner Dijonsenf, 2 cl Noilly Prat (trockener französischer Wermut), Saft von 1 Zitrone, 2 TL mildes Currypulver, Salz, Pfeffer aus der Mühle, 2 Bananen

Als Vorspeise für 4 Personen servieren oder als leichtes Hauptgericht für 2 Personen. Reichen Sie dazu einen trockenen Wein, z. B Pouilly Fumé von der Loire.

1 Von der Chicoréestaude die Blätter ablösen, dabei den inneren bitteren festen Keil aus jedem Blatt schneiden.

2 Die Austern mit Hilfe eines Austernmessers aufbrechen und das Fleisch sorgfältig herauslösen, dabei den Bart zurücklassen. Das Austernwasser auffangen, mit Wein und Wasser zum Kochen bringen und das Austernfleisch darin etwa 1/2 Minute pochieren.

3 Crème fraîche, Sahne, Senf, Wermut, Zitronensaft und Curry gründlich miteinander verquirlen und die Sauce mit Salz und Pfeffer würzen. Die beiden Bananen schälen, in kleine Würfel schneiden und unter die Currysauce mischen.

4 Die Chicoréeblätter auf einer großen Platte sternförmig anrichten, mit den Austern belegen und mit der Sauce bedecken.

Austern in Champagnersauce

- Für 4 Personen
- Pro Portion: ca. 180 kcal

20 Austern, 0,2 l trockener Champagner (oder Sekt), 2–3 EL Geflügelbrühe, 3 EL Sahne, 30 g Butter, Salz, Pfeffer aus der Mühle, 1 TL Zitronensaft, 2 EL steifgeschlagene Sahne, 1 EL feingehackter Kerbel

1 Die Austern unter heißem fließenden Wasser gründlich waschen und mit einem Austernmesser öffnen. Dazu die Austern mit der gewölbten Seite nach unten in die Hand legen. Das Messer in die kleine Öffnung des Gelenks stechen und mit einer Drehbewegung die obere Schale ablösen.

2 Das Austernfleisch aus der Schale nehmen, das Austernwasser auffangen und durch ein feines Sieb in eine Schüssel gießen. Das Austernfleisch kurz unter kaltem Wasser abspülen.

3 Champagner, die Geflügelbrühe und das Austernwasser in einem Topf aufkochen.

4 Austern hinzufügen, den Topf von der Herdplatte wegziehen, die Austern 20 Sekunden ziehen lassen, mit einem Schaumlöffel aus dem Sud nehmen und warm stellen.

5 Den Sud bis auf ein Drittel einkochen. Die Sahne dazugeben, weiter einkochen, dann die Butter flockenweise unterrühren, bis die Sauce leicht sämig ist. Mit Salz, Pfeffer und Zitronensaft abschmecken. Die Schlagsahne unter die Sauce ziehen.

6 Die Austern in Schälchen verteilen, die Sauce darüber anrichten, mit Kerbel bestreut als Vorspeise servieren.

Mit einem Austernmesser in die Gelenköffnung stechen und die Schalen aufbrechen.

Das angesammelte Austernwasser durch ein feines Haarsieb in einen Topf filtern.

Austern »en robe«

◎ Für 4 Personen
◎ Pro Portion: ca. 395 kcal

24 große Spinatblätter, Salz, 1 Stange Porree, 1 junge Möhre (100 g), 175 g Butter, Pfeffer aus der Mühle, 24 frische Austern, Saft von 1/2 Zitrone

Austern sollte man vorwiegend in den Monaten September bis April essen. Besonders empfehlenswert sind die leider immer seltener werdenden Sorten „huitres plates" und „huitres creuses" (belons und claires).

1 Die Spinatstiele abschneiden und die Blätter gründlich waschen. Wasser mit Salz zum Kochen bringen und den Spinat 1/2 Minute blanchieren. Mit einem Schaumlöffel herausheben und in kaltes Wasser geben.

2 Gemüse putzen und in feine Streifen schneiden. In 25 g Butter 5 Minuten schwenken und mit Salz und Pfeffer abschmecken.

3 Den Backofen auf 200 °C vorheizen. Die Austern mit einem Austernmesser öffnen, das Austernwasser durch ein feines Tuch in eine Kasserolle gießen, Fleisch aus der Schale lösen, in das Wasser geben und bei leichter Hitze zum Kochen bringen.

4 Austern herausnehmen und jeweils in ein Spinatblatt schlagen. Eine feuerfeste Form dick mit Butter ausstreichen. Die Päckchen hineinlegen, mit Gemüse bestreuen, im Backofen auf der mittleren Schiene etwa 2 Minuten überbacken.

5 Austernwasser auf 1/3 einkochen. Die restliche Butter in Stückchen unter Schlagen in das Wasser geben. Mit Zitronensaft, Salz und Pfeffer abschmecken

6 Die Austern mit der Sauce übergießen und als Vorspeise reichen.

Überbackene Muscheln

- Für 4 Personen
- Pro Portion: ca. 280 kcal

1,5 kg möglichst große Miesmuscheln, 8 EL Öl (halb neutrales Öl, halb Olivenöl), 2 Knoblauchzehen, 2 EL gehackte Petersilie, 5 EL frischgeriebene Semmelbrösel, Salz, Pfeffer aus der Mühle, Öl für die Form

1 Die Muscheln sorgfältig verlesen und alle geöffneten Muscheln wegwerfen. Gründlich unter fließendem Wasser bürsten, von den »Bärten« befreien und waschen. Auf einem Durchschlag abtropfen lassen.

2 Vom Öl 2 Eßlöffel in einen Kochtopf geben, die tropfnassen Muscheln zufügen und so lange erhitzen, bis sich alle Muscheln geöffnet haben. Alle geschlossenen Muscheln, die sich beim Dämpfen nicht öffnen, unbedingt wegwerfen, sie sind nicht mehr frisch. Die Schalen aufbrechen, den inneren Bart entfernen und die obere Schale der Muscheln ablösen.

3 Die Knoblauchzehen schälen, fein wiegen und mit der Petersilie, den Semmelbröseln, dem restlichen Öl sowie Salz und Pfeffer vermischen.

4 Den Backofen auf 200 °C vorheizen. Eine flache, feuerfeste Form mit Öl einpinseln und die Muscheln nebeneinander darauf legen. Mit der Semmelbröselpaste bedecken. Den Muscheljus neben die angerichteten Muscheln gießen.

5 Auf der mittleren Schiene im Backofen 15 Minuten überbacken, bis die Semmelbrösel hellbraun sind.

Beilage: Roggenbrötchen oder Weißbrot.

Die Muschelschalen aufbrechen und die beiden Hälften voneinander lösen.

Die Muscheln auf eine große Platte legen und mit der Bröselpaste bedecken.

Muscheln à la Rochelaise

◎ Für 4 Personen
◎ Pro Portion: ca. 140 kcal

1,5 kg Miesmuscheln (Pfahlmuscheln), 4 Schalotten, 1 Knoblauchzehe, 0,1 l trockener Weißwein, 1 Bund Schnittlauch, 100 g frische Champignons, 2 Stangen Staudensellerie, 1 EL Butter, 1 EL Öl, 2 EL frischgeriebene Semmelbrösel, etwas frischgeriebene Muskatnuß, Meersalz, Pfeffer aus der Mühle

Eine Variante für dieses Rezept sind 4 Eßlöffel Crème fraîche, die zu den geschmorten Muscheln hinzugefügt werden – dann läßt man die Semmelbrösel weg.

1 Die Muscheln sorgfältig verlesen und alle geöffneten Muscheln wegwerfen. Gründlich unter fließendem Wasser bürsten, von den »Bärten« befreien und waschen. Auf einem Durchschlag gut abtropfen lassen.

2 Die Schalotten und den Knoblauch schälen. Den Wein in einem großen, flachen Schmortopf mit zwei grobgehackten Schalotten erhitzen. Die Muscheln hineinschütten und kochen lassen, bis sie sich öffnen. Aus dem Topf nehmen und von jeder Muschel die obere Hälfte ablösen, aber aufpassen, daß das Muschelwasser in der unteren Hälfte erhalten bleibt.

3 Die beiden restlichen Schalotten und die Knoblauchzehe in kleine Würfel schneiden, den Schnittlauch in kleine Ringe. Die geputzten Champignons und die Selleriestangen ebenfalls in kleine Stücke schneiden.

4 Unmittelbar vor dem Servieren Butter und Öl in einer tiefen Pfanne erhitzen, die Muschln hineingeben und unter vorsichtigem Schütteln der Pfanne erwärmen. Die vorbereiteten Gemüse

hinzufügen sowie den Schnittlauch und zum Schluß die Semmelbrösel. Salzen, herzhaft pfeffern und mit Muskat abschmecken. Alles kurz durchschmoren. Auf einer vorgewärmten großen Platte anrichten und sofort auftragen.
Beilage: knusprige Baguette.

Muscheln im Kräutersud

- Für 4 Personen
- Pro Portion: ca. 115 kcal
- Siehe Abbildung S. 23

1 kg Miesmuscheln, 4 Schalotten, 2 EL Butter, 1/8 l Weißwein, 2 EL gehackte Petersilie, 1 EL gemischte, gehackte Kräuter (Dill, Rosmarin, Salbei, Kerbel), Salz, Pfeffer aus der Mühle

1 Die Muscheln unter fließendem Wasser gründlich abbürsten. Den Bart seitlich herauszupfen. Geöffnete Muscheln aussortieren und wegwerfen!
2 Die Schalotten hacken und in einem Topf in der Butter andünsten.
3 Die Muscheln mit allen anderen Zutaten zu den Schalotten geben und zugedeckt aufkochen, bis sich die Schalen öffnen.
4 Muscheln in vorgewärmte Suppenteller verteilen, mit Sud begießen. Sofort servieren.
Beilage: frisches Weißbrot und als Wein Entre-deux-mers.

Muscheln waschen, dann den Bart seitlich aus den Muscheln herauszupfen.

Cocquilles Saint-Jacques

◎ Für 4 Personen
◎ Pro Portion: ca. 490 kcal

Die rötlichen Corails (Rogen), die zu jeder Jakobsmuschel gehören, werden immer roh, also nicht blanchiert, verwendet.

12 Jakobsmuscheln oder 1 Beutel tiefgekühlte Jakobsmuscheln, 200 g frische Champignons, 100 g Butter, 2 Schalotten, Salz, Pfeffer aus der Mühle, 2 EL Mehl, 0,1 l Weißwein, 250 g Sahne, 50 g frischgeriebener Gruyère, 1 Eigelb, Butter für die Förmchen

1 Tiefgekühlte Muscheln auftauen lassen. Frische Muscheln aus der Schale lösen. Die Champignons putzen, waschen und in feine Streifen schneiden.

2 Die Hälfte der Butter in einer Pfanne erhitzen und die Jakobsmuscheln darin in wenigen Minuten Farbe annehmen lassen. Aus der Pfanne nehmen. Jede Muschel der Dicke nach in 3 Scheiben schneiden.

3 Die Schalotten schälen und in Würfel schneiden. In dem Bratfett der Muscheln glasig braten. Die Champignons hinzufügen und unter gelegentlichem Umrühren 5 Minuten dünsten. Mit Salz und Pfeffer abschmecken.

4 Den Backofen auf 200 °C vorheizen. Die restliche Butter in einem Topf zerlassen, das Mehl hinzufügen und hellgelb rösten. Mit dem Wein aufgießen und die Sauce unter Rühren 5 Minuten einkochen lassen. Die Sahne hinzugießen und weitere 5 Minuten köcheln. Den Käse unter die Sauce rühren. Den Topf vom Herd nehmen, die Sauce mit dem Eigelb legieren und mit den Champignons vermischen.

5 Vier leere Jakobsmuschelschalen dick mit Butter ausstreichen und in jede Schale 9 Scheiben Jakobsmuscheln und die orangefarbenen Corails (Rogen) geben. Die Sauce darüber verteilen. Im Backofen auf der mittleren Schiene in wenigen Minuten gratinieren.

Gratinierte Tintenfische

- Für 4 Personen
- Pro Portion: ca. 415 kcal

1 kg kleine Tintenfische (Calamaretti), 3 kleine Gewürzgurken, 1 Salzsardelle, 1 Knoblauchzehe, 1 EL gehackte Petersilie, 5 Kapern, 150 g frischgeriebene Semmelbrösel, 5 EL Olivenöl, 1 EL Butter, Meersalz, Pfeffer aus der Mühle, 5 cl Weißwein

1 Die Tintenfische waschen, das Innere entfernen und mit einem spitzen Messer die Tintensäckchen und die Augen herausholen.

2 Die Gewürzgurken, die abgespülte Sardelle, die geschälte Knoblauchzehe, die Petersilie und die Kapern miteinander fein wiegen und mit den Semmelbröseln und 1 Eßlöffel Öl vermischen.

3 Den Backofen auf 250 °C vorheizen. Eine flache Auflaufform buttern, Tintenfische nebeneinander hineinlegen, mit Salz und Pfeffer würzen und mit dem Semmelbröselgemisch bedecken. Den Rest Öl darüberträufeln.

4 Die Tintenfische auf der mittleren Schiene im Backofen 15 Minuten gratinieren. Den Wein darübergießen und verdampfen lassen.

Der Körper der Tintenfisch enthalten Säckchen mit einer tintenartigen Flüssigkeit. Diese Flüssigkeit wird häufig zum Schwarzfärben von Pasta verwendet.

Jakobsmuscheln auf zartem Gemüse

◎ Für 4 Personen
◎ Pro Portion: ca. 400 kcal

300 g Zuckerschoten, 400 g ausgelöste, zarte Erbsen, Salz, 0,3 l Fischfond, 200 g Sahne, 2 cl Noilly Prat (trockener, französischer Wermut), 2 cl Zitronensaft, 12 Jakobsmuscheln, Pfeffer aus der Mühle, 50 g geklärte Butter, 2 EL geschlagene Sahne

In Feinkostgeschäften gibt es auch frische, vakuumverpackte Jakobsmuscheln, die bereits gereinigt sind.

1 Von den Zuckerschoten die Enden abknipsen, und falls nötig, entfädeln. Reichlich Salzwasser zum Kochen bringen, erst die Schoten, dann die Erbsen darin jeweils 2–4 Minuten blanchieren. Mit einem Schaumlöffel herausheben und eiskalt abschrecken.

2 Fond mit Sahne, Wermut und Zitronensaft in einer Sauteuse bei starker Hitze um ein Drittel einkochen lassen.

3 Die Jakobsmuscheln aufbrechen, das weiße Fleisch mitsamt dem rötlichen Corail herauslösen, und mit Salz und Pfeffer würzen. In 30 g erhitzter Butter 1–2 Minuten braten.

4 Die eingekochte Sauce und 200 g Erbsen pürieren, durch ein Sieb streichen und erneut erhitzen. Die geschlagene Sahne unterziehen.

5 Restliche Erbsen und Zuckerschoten in Butter anschwitzen und mit Salz und Pfeffer würzen.

6 Die Zuckerschoten sternförmig auf 4 Tellern verteilen, das Muschelfleisch darauf anrichten, die Erbsen dazwischenstreuen und das Gemüse mit der Sauce begießen.

Jakobsmuscheln mit Petersilienbutter

- Für 4 Personen
- Pro Portion: ca. 200 kcal

12 Jakobsmuscheln, Salz, Pfeffer aus der Mühle, 2 EL Butterschmalz, 1 kleine gehackte Schalotte, 1 sehr fein gehackte Knoblauchzehe, 60 g Butter, 1 TL Zitronensaft, 2 EL gehackte Petersilie

1 Die Muscheln öffnen: Dazu jede Muschel mit einem Handtuch in die Hand nehmen, mit der flachen Schalenhälfte nach oben. Mit einem spitzen, aber kräftigen Messer zwischen die Schalen fahren und den Muskel an der flachen Innenseite durchtrennen. Die flache Schale abheben, dabei die untere Schale festhalten. Mit dem Messer am Rand des Fleisches entlangfahren und die Muschel vorsichtig herauslösen. Den grauen Bartrand abschneiden. Nach dem Waschen das Muschelfleisch auf Küchenpapier trocknen.

2 Das Muschelfleisch salzen, pfeffern und unter Wenden rundherum im heißem Butterschmalz braten.

3 Aus der Pfanne nehmen und auf vorgewärmte Teller anrichten. Das Muschelfleisch kann auch wieder in die Schalen gefüllt und dann auf Tellern serviert werden.

4 Die Schalotte, den feingehackten Knoblauch und die frische Butter erwärmen. Sobald die Butter schäumt, den Zitronensaft und die Petersilie zugeben. Über die Muscheln verteilen. Dazu Baguette reichen.

Jakobsmuscheln, auch Pilger- oder Kammuscheln genannt, gibt es mittlerweile in Feinkostgeschäften auch tiefgekühlt. Auch diese sind für das Rezept geeignet. Dann allerdings die Garzeit etwas kürzer halten.

Zuerst die Muscheln sorgfältig abbürsten und geöffnete aussortieren.

Die Muscheln zu dem bereits al dente gegarten Gemüse geben.

Muscheln in Sellerie-Kräuter-Sauce

◎ Für 2 Personen
◎ Pro Portion: ca. 220 kcal

1 kg Miesmuscheln, 1 Staudensellerie, 2 Fleischtomaten, 2 Knoblauchzehen, 2 EL Olivenöl, Salz, Pfeffer aus der Mühle, 1/8 l Weißwein, 1 Bund gemischte Kräuter (z. B. Petersilie, Kerbel, Basilikum, Dill)

1 Die Muscheln sorgfältig unter fließendem Wasser mit einer Bürste reinigen, dabei die »Bärte« entfernen und geöffnete Muscheln wegwerfen.

2 Die Selleriestaude auseinanderlösen und welke Stellen entfernen. Das Gemüse waschen und die Stangen in schmale Streifen schneiden.

3 Die Tomaten blanchieren, häuten und ohne Stengelansätze und Kerne in kleine Würfel schneiden. Knoblauch schälen und hacken.

4 Das Öl in einem großen flachen Schmortopf erhitzen und den Knoblauch darin anbraten. Die Selleriestreifen dazugeben und mit anschwitzen. Mit Salz und Pfeffer würzen, mit Wein aufgießen und das Gemüse zugedeckt al dente schmoren.

5 Tomaten und Muscheln dazugeben und zugedeckt so lange bei mittlerer Hitze kochen lassen, bis sich die Muscheln öffnen.

6 Die Kräuter waschen, trockentupfen und fein hacken. Kurz vor dem Servieren unter die Muscheln mischen und sofort servieren. Geschlossene Muscheln wegwerfen!

Beilage: knuspriges Weißbrot.

Calamari mit Zuckerschoten aus dem Wok

- Für 4 Personen
- Pro Portion: ca. 280 kcal

600 g küchenfertige Tintenfische(Calamari), 6 EL Sojasauce, 1 TL Ingwerwurzel, fein gehackt, 300 g Zuckerschoten, 150 g Sojasprossen, 3 EL Erdnußöl, 3 Knoblauchzehen, 6 cl trockener Sherry (Fino), Pfeffer aus der Mühle, 1 EL Sesam

1 Die Tintenfische kalt abspülen und in sehr schmale Ringe schneiden. In eine Schüssel legen und mit der Sojasauce übergießen. Mit dem gehackten Ingwer bestreuen.

2 Die Zuckerschoten waschen, an den Enden abknipsen und schräg in Streifen schneiden oder ganz lassen. Die Sojasprossen abbrausen und abtropfen lassen.

3 Das Erdnußöl im Wok oder einer großen Pfanne erhitzen. Die Tintenfischringe darin portionsweise etwa 5 Minuten kräftig braten. Tintenfischringe herausnehmen und zugedeckt warmstellen.

4 Die Zuckerschoten und die Sojasprossen im verbliebenen Bratfett 8 Minuten dünsten. Den Knoblauch schälen und dazudrücken. Mit dem Sherry beträufeln und die verwendete Sojasauce dazugießen.

5 Die Tintenfischringe untermischen, salzen, pfeffern und den Sesam einstreuen. Alles noch 2 Minuten garen.

Tintenfischringe in Sojasauce und gehacktem Ingwer marinieren.

Tintenfische mit dem Gemüse mischen. Alles mit Salz, Pfeffer und Sesam abschmecken.

Sardinen Bretonische Art

◎ Für 6 Personen
◎ Pro Portion: ca. 190 kcal

1 kg kleine, frische Sardinen, 300 g grobes Meersalz, 2 kleine Möhren, 1 kleine Zwiebel, Pfefferkörner, Koriander, 6 Lorbeerblätter, einige Zweige Thymian, 1/8 l trockener Weißwein, 1/4 l Essig

Wegen der Säure des Essigs am besten Bier oder Mineralwasser als Getränk servieren.

1 Die Köpfe der gewaschenen Sardinen abschneiden. Die Fische mit Küchenpapier vorsichtig schuppen, an der Bauchseite aufschlitzen, ausnehmen und waschen. Schichtweise Salz und Fische auf ein Sieb geben. Dieses über eine Schüssel hängen und an einem kühlen Ort über Nacht durchziehen lassen. Am nächsten Tag die Sardinen kurz unter fließendem Wasser waschen.

2 Die Möhren und die Zwiebel schälen und in sehr dünne Scheiben schneiden. In eine längliche Schüssel schichtweise Möhren-, Zwiebelscheiben und Sardinen geben. Zwischen jede Schicht einige Pfeffer- und Korianderkörner streuen sowie 1–2 Lorbeerblätter und Zweige Thymian legen.

3 Wein und Essig vermischen und über die Fische gießen. Die Schüssel mit dem Deckel verschließen und die Sardinen bis zum Verzehr an einem kühlen Ort ca. 48 Stunden marinieren lassen. Als Vorspeise mit frischer Baguette und Butter servieren.

Gegrillte Calamari mit Knoblauchsauce

◎ Für 4 Personen
◎ Pro Portion: ca. 610 kcal

600 g kleine oder mittelgroße, zarte Tintenfische (Calamares, Pulpitos oder Moscardini), Olivenöl, Salz, Pfeffer aus der Mühle
SAUCE: 4–6 große Knoblauchzehen, 2 Eigelb, 1 kleine, rote, scharfe Pfefferschote, 0,2–0,3 l Olivenöl, Salz, 1 EL Zitronensaft

1 Die Tintenfische putzen. Mit Olivenöl bestreichen und mit Salz und Pfeffer würzen.

2 Die Eier für die Sauce 1 Stunde vor der Zubereitung aus dem Kühlschrank nehmen, damit sie, wie das Öl, Raumtemperatur haben.

3 Die Knoblauchzehen schälen und durchpressen. Eigelb dazumischen und das Ganze 20 Minuten beiseite stellen.Die Pfefferschote entkernen und in sehr kleine Würfel schneiden.

4 Das Öl tropfenweise, wie für eine Mayonnaise, unter die Eier arbeiten. Wird die Sauce zu dick, kann man 1–2 Eßlöffel warmes Wasser dazumischen. Mit Salz, Zitronensaft und Pfefferschote abschmecken.

5 Das Grillgerät oder den Backofengrill einstellen. Die Tintenfische auf bzw. unter den heißen Grill legen und von beiden Seiten leicht grillen. Mit der Sauce servieren.

Tintenfische von der äußeren, dunklen Haut befreien, dann gründlich waschen.

Mayonnaise mit Salz, Zitronensaft und Pfefferschote kräftig abschmecken.

SUPPEN & RAC
–MIT BAGUETT

Fischsuppe „Calais“ (Rezept Seite 40)

OUTS
E KOMPLETT

Für die Fischsuppe benötigt man frische Kräuter, Gemüse und Gewürze, darunter auch Safran.

Meeresfische und vorbereitetes Gemüse werden abwechselnd in einen hohen Topf geschichtet.

Fischsuppe »Calais«

- Für 4–6 Personen
- Pro Portion: ca. 310 kcal
- Siehe Abbildung S. 39

3 große Kartoffeln, 1 große Zwiebel, 2 Porreestangen, 3 EL Öl, Salz, Pfeffer aus der Mühle, 1 kg Filets oder Portionsstücke von Meeresfischen (Kabeljau, Rotbarsch, Meeresaal, Knurrhahn), 6 Stengel Petersilie

FISCHBRÜHE: Kopf, Gräten und Haut von 1–2 großen Meeresfischen (Kabeljau, Meeresaal, Knurrhahn), 1 Lorbeerblatt, je 1 Zweig Thymian und Rosmarin, Meersalz, 3 reife Tomaten, 1 Döschen Safran, 1½ l Wasser, ⅛ l Weißwein

1 Für die Fischbrühe Kopf (ohne Kiemen), Gräten und Haut gründlich waschen und in einen Topf geben. Die Kräuter, Meersalz und die in Viertel geschnittenen Tomaten, die Safranfäden sowie das Wasser und den Wein hinzufügen und zugedeckt 20 Minuten kochen lassen, dabei den entstehenden Schaum abschöpfen. Die Fischbrühe durch ein Sieb geben.

2 Die Kartoffeln und die Zwiebel schälen und in Scheiben schneiden. Von den Porreestangen das untere Ende und die grünen Blätter abschneiden und ebenfalls in Scheiben schneiden.

3 Das Öl in einer Pfanne erhitzen und die Gemüsescheiben darin 15 Minuten anrösten. Salzen, pfeffern und vom Herd nehmen. Die Fischfilets waschen und mit einem Küchenpapier abtrocknen.

4 In einen hohen Schmortopf abwechselnd Kartoffelscheiben, Fisch und Gemüse schich-

ten und mit der Fischbrühe aufgießen. Den Topf mit einem Deckel fest verschließen und die Fischsuppe 20–25 Minuten garen lassen.

5 Die Petersilie fein hacken. Die Fischsuppe in vorgewärmte Teller geben und mit der Petersilie bestreuen.

Das aufgeschlagene Eigelb unter die nicht mehr kochende Cremesuppe rühren.

Cremesuppe von der Räucherforelle

◎ Für 4 Personen
◎ Pro Portion: ca. 300 kcal

1 EL Butter, 1 mittelgroße Zwiebel, fein gehackt, 6 geräucherte Forellenfilets, 200 g Sahne, ¾ l Fischfond (aus dem Glas), Salz, Pfeffer aus der Mühle, Zitronensaft, 2 Eigelb, 1 Bund Dill, gehackt

1 Die Butter in einem Topf erhitzen. Die Zwiebelwürfel bei schwacher Hitze weich dünsten.

2 Die Forellenfilets in Stücke teilen und mit der Sahne im Mixer oder mit einem Stabmixer fein pürieren.

3 Das Püree mit dem Fischfond in den Topf zu den Zwiebelwürfeln geben und langsam aufkochen. Bei schwacher Hitze 5 Minuten köcheln lassen. Mit Salz, Pfeffer und Zitronensaft würzen.

4 Die Eigelbe verquirlen und in die nicht mehr kochende Suppe rühren.

5 Die Suppe mit dem Stabmixer nochmals kurz aufschäumen und in Tassen oder in Suppenteller füllen.

Für die Muschelsuppe eignen sich Herz-, Teppich- und Sandklaffmuscheln.

Feine Muschelsuppe

◎ Für 6 Personen
◎ Pro Portion: ca. 200 kcal

2 EL gehackte Schalotten, 1 EL Butter, 1 kg Vongole (Teppichmuscheln, Sandklaffmuscheln oder eine Mischung verschiedener Muscheln), 0,1 l Weißwein, ½ l Hühnerbrühe, 1 kleine Zwiebel, 100 g weißer Teil vom Porree, 1 EL feingehackter Magerspeck, 1 EL Öl, 1 kleine Kartoffel, ½ l Milch, Salz, Pfeffer aus der Mühle, Muskatnuß, frisch gerieben, 1 EL trockener Wermut (z. B. Noilly Prat), 100 g steifgeschlagene Sahne, 2 EL gehackter Schnittlauch

1 Die Schalotten in Butter andünsten. Die geschlossenen Muscheln zufügen (bereits geöffnete wegwerfen!) und mit Weißwein ablöschen. Kurz aufkochen, bis sich die Schalen der Muscheln öffnen. Ungefähr ⅓ der Muscheln herausnehmen und aufheben. Die Brühe zu den restlichen Muscheln geben und 30 Minuten weiterkochen.

2 Zwiebel und Porree in Würfel schneiden und mit dem Magerspeck in Öl kurz dünsten.

3 Die Kartoffel schälen, würfeln und in ⅛ l Muschelbrühe garen. Zwiebeln, Porree, Speck und Kartoffel mit etwas Brühe mit einem Stabmixer pürieren. Die heiße Milch dazugießen und unter Rühren das Ganze nicht ganz bis zum Kochen bringen.

4 Die Muscheln abgießen, den Sud in die Suppe geben. Die Muscheln wegwerfen.

5 Die zurückbehaltenen Muscheln aus der Schale lösen und in Teller verteilen. Mit Salz, Pfeffer, Muskatnuß und Wermut abschmecken.

Ist die Suppe zu dick, mit etwas Hühnerbrühe verdünnen. Die Suppe auf die Muscheln in den Tellern verteilen, mit Sahnetupfern garnieren und mit Schnittlauch bestreut servieren.

Lachsstreifen in Meerrettichcremesuppe

- Für 4 Personen
- Pro Portion: ca. 280 kcal

1 EL Butter, 1 kleine Zwiebel, fein gehackt, 5 EL Meerrettich (aus dem Glas), 200 g Doppelrahmfrischkäse, 1 l Gemüsebrühe (aus Extrakt), Salz, Pfeffer aus der Mühle, Zitronensaft, 150 g Räucherlachs in Scheiben, 1 Kästchen Kresse

1 Die Butter in einem Topf schmelzen. Die Zwiebelwürfel darin weich dünsten. Meerrettich und Frischkäse zufügen. Bei milder Hitze rühren, bis der Käse zu schmelzen beginnt.

2 Die Gemüsebrühe dazugießen, aufkochen und alles im offenen Topf 10 Minuten köcheln lassen, dabei immer wieder mit dem Schneebesen durchrühren. Die Suppe mit Salz, Pfeffer und Zitronensaft würzen.

3 Den Räucherlachs in sehr feine Streifen schneiden. Die Kresse abbrausen, die Blättchen mit der Küchenschere abschneiden und bis auf einige Blättchen unter die Suppe mischen.

4 Die Suppe auf Teller verteilen, mit den Lachsstreifen und der restlichen Kresse garnieren.

Räucherlachs ist heute schon in fast jeder Supermarktkette im Tiefkühlfach zu finden. Achten Sie beim Kauf darauf, daß er nicht von zu vielen Fettadern durchzogen ist.

Krabben-Möhren-Suppe mit Dill

- Für 4 Personen
- Pro Portion: ca. 280 kcal

3 Schalotten, 3 EL Butter, 500 g Möhren, 1/4 l Fischfond (aus dem Glas), 1/8 l trockener Weißwein, 5 EL Mascarpone, Salz, Pfeffer aus der Mühle, 1 Msp. Cayennepfeffer, Zitronensaft, 150 g geschälte Nordseekrabben, 2 Bund Dill

Krabben schmecken am besten in den Monaten März bis Dezember. Die besonders feinen werden in der Nordsee gefischt und meist gleich auf den Kuttern gekocht.

1 Die Schalotten schälen, fein hacken und in heißer Butter weichdünsten.

2 Die Möhren schälen, waschen und in dünne Scheiben schneiden. Zufügen, andünsten, mit dem Fischfond aufgießen und 30 Minuten köcheln lassen.

3 Anschließend pürieren. Püree in einen Topf geben, Weißwein zugießen und Mascarpone mit dem Schneebesen unterschlagen. 5 Minuten weiter köcheln. Mit Salz, Pfeffer, Cayennepfeffer und Zitronensaft abschmecken.

4 Die Nordseekrabben untermischen und nur kurz in der Suppe erwärmen.

5 Den Dill abbrausen, von den Stengeln zupfen, mittelfein hacken und bis auf ein Drittel untermischen.

6 Die Suppe in Teller oder Tassen füllen, mit dem restlichen Dill bestreuen und servieren. Dazu Pumpernickel mit Butter reichen.

Fischsuppe mit Kartoffeln und Garnelen

- Für 4 Personen
- Pro Portion: ca. 330 kcal

2 Kartoffeln, 500 g Seeteufelfilets, (ersatzweise Dorsch- oder Kabeljaufilets), 50 g in Würfel geschnittener geräucherter, magerer Speck, 1 große gehackte Zwiebel, Salz, 500 g Seezungengräten, Pfeffer aus der Mühle, 1 Lorbeerblatt, 125 g Sahne, 80 g geschälte, gekochte Garnelen, 1 Bund feingehackter Schnittlauch

1 Die Kartoffeln schälen und würfeln. Fischfilets in 2 cm große Würfel schneiden.

2 Den Speck knusprig ausbraten. Die Zwiebeln dazugeben und glasig dünsten.

3 Die Fischgräten hinzufügen, 1 Liter heißes Wasser dazugießen und aufkochen. Den entstandenen Schaum abschöpfen, die Fischbrühe salzen, pfeffern und das Lorbeerblatt hinzufügen.

4 Zugedeckt bei schwacher Hitze etwa 15 Minuten lang ziehen lassen. Die Brühe durch ein Sieb in einen Topf gießen und wieder aufsetzen.

5 Die Kartoffelwürfel in die Suppe geben. Nach etwa 15 Minuten die Fischwürfel hinzufügen und noch 5 Minuten in der Suppe ziehen lassen.

6 Sahne und Garnelen in die Suppe geben. Mit Salz und Pfeffer nachwürzen und die Suppe mit Schnittlauch bestreut servieren.

Für diese Suppe muß es nicht unbedingt das teure Seeteufelfilet sein. Sie schmeckt auch mit einer anderen Meeresfischsorte, die festes Fleisch hat, z.B. Rotbarsch oder Steinbeißer.

Frische Nordseekrabben sind ideal für die feine Krabbensahne.

Je zwei Eßlöffel Krabbensahne auf jede Suppenportion geben.

Kartoffel-Krabben-Suppe

◎ Für 4 Personen
◎ Pro Portion: ca. 200 kcal

1 Portion (250 g) Hühnerklein (Flügel, Hals, Magen, Herz), 1 Bund Suppengrün, 1½ l Wasser, Salz, 500 g Kartoffeln, 2 Eigelb, 1 EL Butter, 1 knapper EL frische, feingehackte Ingwerwurzel, 4 EL Sahne, 100–150 g ausgelöste Nordseekrabben, gehackter Dill und Petersilie zum Bestreuen

1 Das Hühnerklein waschen, das Suppengrün putzen und kleinschneiden. Beides in einen Topf geben, mit dem Wasser aufgießen, salzen und zum Kochen bringen. Eine Stunde kochen lassen. Die erhaltene Hühnerbrühe durch ein Sieb gießen und wieder in den Topf geben.

2 Die Kartoffeln schälen, in Würfel schneiden und in die Brühe geben. In 25 Minuten gar kochen. Die Suppe durch ein Sieb streichen oder mit dem Stabmixer pürieren. Aufkochen lassen, dann vom Herd nehmen und mit den Eigelben legieren.

3 Die Butter in einer kleinen Pfanne erhitzen und den Ingwer kurz darin andünsten. Mit der Sahne aufgießen und durchkochen lassen. Die Krabben in der Sahne nur erwärmen, aber nicht kochen lassen.

4 Die Suppe in Suppentassen füllen, jeweils 2 Eßlöffel Krabbensahne in die Mitte geben und mit Dill und Petersilie bestreuen.

Fischsuppe La Rochelle

◎ Für 6 Personen
◎ Pro Portion: ca. 400 kcal

300 g Rochenflügel, 300 g kleine Aale, 300 g kleine Seezungen oder Schollen, 300 g Steinbutt, 300 g gesäuberter Tintenfisch, 50 g Butter, 1 große Zwiebel, 2 Knoblauchzehen, ½ l trockener Weißwein, 1 Kräutersträußchen (1 Zweiglein Thymian. 1 Lorbeerblatt,, 2 Stengel Petersilie), Meersalz, Pfeffer aus der Mühle, in Butter gebratene Weißbrotwürfel

1 Die Fische gleich beim Einkauf säubern und in Portionsstücke teilen lassen. Den Tintenfisch in Streifen schneiden.

2 In einem Schmortopf die Butter zerlassen, die Tintenfischstreifen darin andünsten. Dann die geschälte, gewürfelte Zwiebel und die geschälten Knoblauchzehen hinzufügen. Zugedeckt 15 Minuten schmoren lassen.

3 Wein und 1 l Wasser angießen, das Kräutersträußchen hineingeben und etwa 30 Minuten bei schwacher Hitze kochen.

4 Die Fischstücke nacheinander in die Suppe legen, die festeren Sorten zuerst. Salzen, pfeffern und 5 Minuten kochen lassen. Knoblauchzehen und Kräutersträußchen wieder herausfischen.

5 Die Fischsuppe auf tiefe Teller verteilen und mit gebratenen Weißbrotwürfeln bestreut auftragen.

Diese französische Fischsuppe ist ein Klassiker. In Feinkostgeschäften dürfte es nicht schwierig sein, die aufgeführten Fischsorten frisch zu bekommen. Sollten kleine Aale nicht vorrätig sein, ersetzen Sie sie nicht durch ein großes Exemplar. Besser nehmen Sie von Steinbutt oder Seezunge eine größere Portion.

Fischtopf mit Fenchel und Möhren

◎ Für 4 Personen
◎ Pro Portion: ca. 400 kcal

400 g Schwarzbuttfilet, Zitronensaft, Salz, Pfeffer aus der Mühle, frischgeriebene Muskatnuß, 2 EL Butter, 1 mittelgroße Zwiebel, fein gehackt, 3 Fenchelknollen (ca. 400 g), 200 g Möhren, 1/4 l trockener Weißwein, 3/4 l Gemüsebrühe oder Fischfond (aus dem Glas), 100 g Krabben

Fisch und Fenchel sind ideale Partner. Das nach Anis schmeckende Gemüse mit dem feinen, dekorativen Kraut unterstreicht die Leichtigkeit des Fischfleisches.

1 Den Fisch waschen, trockentupfen und in mundgerechte Würfel schneiden. Mit Zitronensaft beträufeln, salzen, pfeffern und mit Muskat würzen.

2 Die Butter in einem großen Topf erhitzen. Die Zwiebelwürfel darin weich dünsten.

3 In der Zwischenzeit den Fenchel vom Grün befreien, in schmale Streifen schneiden und kurz abbrausen. Das Grün beiseite legen, den Fenchel zu den Zwiebeln geben.

4 Die Möhren schälen, waschen und mit dem Gemüsehobel grob raspeln. Kurz mit den Zwiebeln mitdünsten.

5 Mit dem Weißwein und der Gemüsebrühe oder dem Fischfond aufgießen. Aufkochen und 10 Minuten köcheln lassen.

6 Die Suppe mit Salz, Pfeffer und Zitronensaft abschmecken. Die Fischwürfel und die Krabben zufügen und bei kleiner Hitze 5 Minuten ziehen lassen. Vor dem Servieren das feingehackte Fenchelgrün einstreuen.

Rotbarsch-Zucchini-Eintopf

- Für 4 Personen
- Pro Portion: ca. 270 kcal

4 große Kartoffeln, 4 Rotbarschfilets, Saft von ½ Zitrone, 4 junge, kleine Zucchini, 2 Schalotten, 1 Bund Petersilie, etwa 50 g Butter, Pfeffer aus der Mühle, Salz

1 Die Kartoffeln waschen und gar kochen. Nach dem Abgießen schälen und in große Würfel schneiden.

2 In der Zwischenzeit den Fisch unter fließend kaltem Wasser waschen, mit Küchenkrepp trockentupfen, in breite Streifen schneiden und mit Zitronensaft beträufeln.

3 Die Zucchini waschen, Blüten- und Stielansatz entfernen und in etwa 0,5 cm dicke Scheiben schneiden. Die Schalotten schälen und kleinhacken, Petersilie waschen, grobe Stiele entfernen, trockentupfen und grob hacken.

4 Butter in einem Topf zerlassen und die Zucchini und Schalotten darin etwa 5 Minuten anbraten. Den Fisch und die Kartoffeln hinzufügen, alles gut umrühren und mit Pfeffer, Salz und Petersilie würzen. Weitere 5 Minuten garen und den Eintopf sofort servieren.

Sie können für diesen Fischeintopf auch ebensogut andere Fischsorten mit festem Fleisch wählen, zum Beispiel Kabeljau- oder Seelachsfilet.

Muschel-Gemüse-Ragout

◎ Für 4 Personen
◎ Pro Portion: ca. 390 kcal

Verwenden Sie für die Muschelsuppe keinen Weißwein von zu geringer Qualität. Trocken sollte er in jedem Fall sein und so gut, daß Sie ihn zum Essen ebenfalls gerne trinken oder Ihren Gästen anbieten. Empfehlenswert wäre ein Weißwein von der Loire, zum Beispiel ein Gros Plant oder ein Chinon.

2 kg Miesmuscheln, 2 EL Öl, 1 große Zwiebel, gehackt, 4 Knoblauchzehen, $\frac{3}{8}$ l trockener Weißwein, 200 g Crème fraîche, 1 EL Curry, Salz, Pfeffer aus der Mühle, Zitronensaft, 5 Stangen Staudensellerie, 150 g Möhren

1 Die Miesmuscheln unter fließend kaltem Wasser gut abbürsten. Schon geöffnete aussortieren und wegwerfen.

2 Das Öl in einem großen Topf erhitzen und die Zwiebelwürfel darin glasig dünsten. Den Knoblauch schälen und dazupressen.

3 Die Miesmuscheln zufügen, mit dem Weißwein begießen und im geschlossenen Topf bei starker Hitze 8 Minuten garen.

4 Die Muscheln aus der Schale nehmen, noch geschlossene Exemplare wegwerfen. Die ausgelösten Muscheln beiseite stellen.

5 Den Garsud durch ein Sieb in einen kleineren Topf gießen. Die Crème fraîche und den Curry unterrühren und 3 Minuten köcheln lassen. Mit Salz, Pfeffer und Zitronensaft kräftig abschmecken.

6 Die Selleriestangen putzen, waschen und in schmale Scheiben schneiden, in die Sauce mischen.

7 Die Möhren schälen, waschen und in die Sauce raspeln. Alles zusammen 5 Minuten kräftig kochen. Die Muscheln unterheben und erwärmen. Mit Zitronensaft abschmecken.

Ragout vom Kabeljau mit Broccoli

Fischfilet in gleichgroße Würfel schneiden und mit Salz, Pfeffer und Zitronensaft würzen.

- Für 4 Personen
- Pro Portion: ca. 430 kcal

2 EL Butter, 1 mittelgroße Zwiebel, gehackt, 150 g Möhren, 300 g Broccoli, tiefgekühlt und angetaut, 250 g mehligkochende Kartoffeln (z. B. Primura), ½ l Gemüsebrühe (aus Extrakt), Salz, Pfeffer aus der Mühle, 1 TL Thymian, ⅛ l trockener Weißwein, 200 g Sahne, 750 g Kabeljau (ersatzweise Seelachs, Dorsch, Goldbarsch), Saft von 1 Zitrone, 1 Bund Dill

1 Die Butter in einem großen Topf erhitzen und die Zwiebelwürfel darin glasig dünsten.

2 Möhren schälen und über dem Topf auf dem Gemüsehobel in feine Scheiben schneiden.

3 Den Broccoli in mundgerechte Stücke schneiden, zufügen und kurz mitdünsten lassen.

4 Die Kartoffeln schälen, waschen und in kleine Würfel schneiden. In den Topf geben, mit der Gemüsebrühe aufgießen und aufkochen.

5 Das Gemüse mit Salz, Pfeffer und Thymian würzen, den Weißwein und die Sahne zufügen und 15 Minuten köcheln lassen.

6 Inzwischen den Fisch waschen, trockentupfen und in mundgerechte Würfel schneiden. Mit Zitronensaft beträufeln, salzen und pfeffern. Dill abzupfen und fein schneiden.

7 Die Fischwürfel in das Ragout legen und bei milder Hitze in 6–8 Minuten gar ziehen lassen. Nochmals abschmecken und zum Schluß den Dill einstreuen.

Aalragout

◎ Für 6 Personen
◎ Pro Portion: ca. 720 kcal

1,5 kg küchenfertige, frische, mittelgroße Aale, 16 kleine Zwiebeln, etwas Mehl, 2 EL Öl, 4 cl Cognac, 2 EL konzentriertes Tomatenmark, 50 g Schinkenspeck, 75 g Champignons, 1 kleine rote Paprikaschote, 2 EL Butter, 1 EL Mehl, 1 El gehackte Petersilie
MARINADE: 1 Stück Staudensellerie, 1 Möhre, 1 EL Olivenöl, 1/8 l Rotwein (z. B. Chinon)
FISCHBRÜHE: 1/4 Zitrone, einige Stengel Petersilie, einige Pfefferkörner, Meersalz, 1 Möhre, 1 Zwiebel, evtl. 1–2 Würfel Zucker

Aalfleisch wird nicht nur zu Ragouts verwendet, sondern auch für Pasteten, Mousse oder gegrillt und gebraten. Geschmacklich übertreffen Ostseeaale, frischgeräuchert, alle anderen Zubereitungsarten, so behaupten wenigstens Liebhaber dieser Delikatesse.

1 Die Aale gleich beim Einkauf abziehen und in 4 cm lange Stücke schneiden lassen. Köpfe und Haut für den Fischfond mitnehmen.

2 Für die Marinade das Gemüse putzen und in Würfel schneiden. Die Aalstücke und das kleingeschnittene Gemüse in eine Schüssel geben, das Öl hinzufügen und mit dem Wein übergießen. Gut miteinander vermischen und über Nacht stehen lassen.

3 Für die Fischbrühe die gewaschenen Fischabfälle in einen Topf geben, die Gewürze und die geputzten, feingeschnittenen Gemüse hinzufügen. 1/2 l Wasser darübergießen und alles zugedeckt 20 Minuten kochen, dabei den entstehenden Schaum abschöpfen. Die Fischbrühe anschließend durch ein Sieb geben.

4 Die Zwiebeln schälen. Die Aalstücke aus der Marinade nehmen, gut abtropfen lassen, auf

Küchenpapier trocknen und in Mehl wenden. Das Öl in einem Schmortopf erhitzen und die Zwiebeln darin anbraten. Die Aalstücke hinzufügen, mit Cognac übergießen und flambieren.

5 Das Tomatenmark zu dem Aal geben, die Marinade mit dem Gemüse zugeben und etwa 10–12 Minuten kochen lassen. Dann die Fischbrühe hinzufügen. Falls die Brühe zu sauer ist, kann man 1–2 Würfel Zucker hineingeben. Die Aalstücke herausnehmen und warmstellen. Die Fischbrühe auf die Hälfte einkochen lassen.

6 Den Schinkenspeck in feine Streifen schneiden, die Champignons und die Paprikaschote putzen, waschen und kleinschneiden. 1 Eßlöffel Butter in einer Pfanne erhitzen und die Speckstreifen darin anbraten. Champignons und Paprika hinzufügen und mitbraten.

7 Die restliche Butter mit dem Mehl verkneten und unter Rühren die eingekochte Fischbrühe damit binden.

8 Die Aalstücke auf einer vorgewärmten Platte anrichten, die Speckstreifen und das Gemüse darüber verteilen und mit der Sauce übergießen. Mit Petersilie bestreuen. Man kann auch den Schinkenspeck und das Gemüse mit der Sauce vermischen, bevor sie über die Aalstücke gegossen wird.

Aalragout ist als Gästeessen ideal. Reichen Sie dazu getoastetes Landbrot oder in Butter gebratene Croûtons oder Petersilienkartoffeln und als Getränk Chinon von der Loire.

Zur provenzalischen Fischsuppe benötigt man verschiedene Fischarten, die austauschbar sind.

Röstgemüse, Fische, Kräuter und Gewürze bei kräftiger Hitze kochen.

Soupe de poisson à la provençale

◎ Für 6 Personen
◎ Pro Portion: ca. 370 kcal

1 kg kleine gemischte Mittelmeerfische (Knurrhahn, Merlan, Rotbarbe, Petersfisch), küchenfertig, 2 große Fischköpfe, einige kleine Taschenkrebse, 3 Knoblauchzehen, 2 Stangen Porree, 1 Möhre, 2 Zwiebeln, 2 Tomaten, 1/8 l Olivenöl, 1 TL Tomatenmark, 2 l Wasser, 1 Kräutersträußchen (1 Lorbeerblatt, 2 Zweige Thymian, 4 Stengel getrockenter Fenchel, einige Stengel Petersilie, 1 Stückchen Schale von 1 unbehandelten Orange), Meersalz, Cayennepfeffer, 30 Safranfäden AUSSERDEM: 1/2 altbackenes Baguette, 1 Knoblauchzehe, etwas frischgeriebener Gruyère

1 Die ausgenommenen Fische waschen und trockentupfen. Fangfrische Fische werden weder ausgenommen noch gewaschen.

2 Aus den Fischköpfen die Augen mit einem spitzen Messer herausholen und die Kiemen entfernen. Die Taschenkrebse unter fließendem Wasser waschen (noch lebende Krebse kurz in kochendes Wasser werfen) und im Mörser oder in der Küchenmaschine zerkleinern.

3 Die Knoblauchzehen ungeschält im Mörser zerdrücken. Porree, Möhren und Zwiebeln schälen und in Streifen schneiden, die Tomaten vierteln.

4 Das Olivenöl in einem großen Topf erhitzen und das Gemüse (ohne Tomaten) unter

Rühren kurz anrösten. Fische, Fischköpfe, Taschenkrebsmus und Knoblauch hinzufügen und ebenfalls mit anrösten. Die Tomatenviertel und das Tomatenmark nach 5 Minuten zu dem Fisch geben und mit dem Wasser aufgießen. Das Kräutersträußchen, Salz, Pfeffer und Safran hinzufügen und alles 15 Minuten bei starker Hitze offen kochen lassen.

5 Die Fischköpfe herausnehmen und die Fische mit den Gemüsen in der Küchenmaschine pürieren. Durch ein Sieb streichen (die Grätenreste müssen zurückbleiben, das Fischfleisch soll in die Suppe kommen) und wieder in den Topf geben. 30 Minuten weiterkochen lassen.

6 Baguette in dünne Scheiben schneiden und im heißen Backofen mehr trocknen als rösten. Mit der durchgeschnittenen Knoblauchzehe einreiben. Die Brotscheiben in Suppenteller geben und die Suppe darüberfüllen. Dann mit geriebenem Käse bestreuen.

Die Brotscheiben können nach Geschmack auch mit Rouille (Safranmayonnaise) oder mit Aïoli (Knoblauchmayonnaise) bestrichen werden. Dann kann der geriebene Käse entfallen.

KOTELETTS & MEDAILLONS – DER PFANNE UN

Kabeljaukoteletts mit Kapern (Rezept Seite 59)

SAFTIGES AUS
D VOM GRILL

Fischkoteletts provenzalisch

◎ Für 4 Personen
◎ Pro Portion: ca. 270 kcal

4 Seelachs- oder Kabeljaukoteletts (à 200 g), Salz, Pfeffer aus der Mühle, Olivenöl, 4 Tomaten, Kräuter der Provence, 300 g grüne Bohnen, 100 g schwarze Oliven

1 Die Fischkoteletts kalt abspülen, trockentupfen, mit Salz, Pfeffer und Öl einreiben. Die Tomaten waschen, halbieren und den Stielansatz auskerben.

2 Den Backofen auf 180 °C vorheizen. Die Fischkoteletts und die Tomatenhälften mit der Schnittfläche nach oben in die Mitte einer großen feuerfesten Platte legen. Großzügig mit Olivenöl begießen und mit den Kräutern bestreuen. Im Backofen in etwa 20 Minuten garen.

3 Die Bohnen waschen, entfädeln und in leicht gesalzenem Wasser bißfest garen.

4 Die Oliven in ein großes Sieb geben und die Bohnen darüber abgießen.

5 Bohnen und Oliven um den Fisch und die Tomaten anrichten, noch mal im Ofen erhitzen, dann gleich servieren.

Vielleicht kommt Ihnen die Kombination Bohnen und Fisch etwas fremd vor. Versuchen Sie es trotzdem. Die schwarzen Oliven sind der Pfiff. Deshalb gute, eingelegte Oliven verwenden, vor allem keine zu salzigen. Im Zweifelsfall lieber vorher abspülen.

Kabeljaukoteletts mit Kapern

- Für 4 Personen
- Pro Portion: ca. 290 kcal
- Siehe Abbildung S. 57

4 Kabeljaukoteletts (à 200–250 g), Saft von 1 Zitrone, Meersalz, Pfeffer aus der Mühle, Mehl, 2 EL Öl, 4 EL Butter, 2 Scheiben Toastbrot, 2 EL Kapern, 2 El feingehackte Petersilie

1 Die Fischscheiben waschen, mit Küchenpapier trockentupfen, mit dem Saft von 1/2 Zitrone beträufeln, salzen, pfeffern und leicht in Mehl wenden.

2 Das Öl mit 1 Eßlöffel Butter in einer Pfanne erhitzen und den Fisch darin schnell von beiden Seiten knusprig braun braten. In der Zwischenzeit das Toastbrot in kleine Würfel schneiden.

3 Die restliche Butter in einer zweiten Pfanne erhitzen und die Brotwürfel darin goldgelb braten. Die Kapern und die Petersilie hinzufügen und den restlichen Zitronensaft darüberträufeln. Kurz durchrösten.

4 Die Fischscheiben auf einer heißen Platte anrichten und mit der Kapernbutter übergießen.

Kapernbutter schmeckt auch besonders gut zu Scheiben von Schwert- und Thunfisch.

Lachskoteletts auf Porree

- Für 4 Personen
- Pro Portion: ca. 515 kcal

Beim Braten oder Grillen von Lachs sollten Sie immer mit Vorsicht daran gehen. Das Lachsfleisch trocknet leicht aus. Deshalb bei der Zubereitung auf nicht zu hohe Temperatur einstellen.

4 Lachskoteletts (à 250 g), 6 mittelgroße Stangen Porree, Meersalz, Pfeffer aus der Mühle, $\frac{1}{4}$ l Fischbrühe (aus dem Glas), 3 EL Crème double, 3 EL trockener weißer Wermut, 1 Prise Zucker, 2 EL Butter

1 Die Lachskoteletts waschen und mit Küchenpapier trockentupfen. Den Porree putzen, gründlich waschen und in fingerbreite Stücke schneiden.

2 Den Backofen auf 200 °C vorheizen. Die Porreestücke in eine feuerfeste Form geben und salzen und pfeffern. Mit der Hälfte der Fischbrühe übergießen und mit dem Deckel oder Alufolie verschließen. Im Backofen auf der mittleren Schiene 10 Minuten vordünsten.

3 Die restliche Fischbrühe mit Crème double und dem Wertmut sowie etwas Zucker und Pfeffer in einem kleinen Topf einkochen.

4 Die Butter in einer Pfanne erhitzen und die Lachskoteletts darin auf beiden Seiten anbraten. Auf den Porree legen, die Form wieder verschließen und den Fisch noch 5 Minuten im Backofen dünsten.

5 Die Flüssigkeit vom Porree zu der Sauce in den Topf geben und einkochen lassen, bis die Sauce eine cremige Konsistenz hat. Den Fisch auf dem Gemüse anrichten und mit der Sauce übergießen.

Seeteufelmedaillons mit Kräutern

- Für 4 Personen
- Pro Portion: ca. 280 kcal

4 Scheiben Seeteufel (à 200 g), 1 EL weiches Butterschmalz, Salz, Pfeffer aus der Mühle, 2 EL gehackte, gemische Kräuter (Estragon, Salbei, Petersilie), 1 gehacktes Pfefferminzblatt oder 1 Knoblauchzehe, 40 g Butter oder 1 EL Olivenöl, Pfefferminzblätter zum Garnieren

1 Die Fischscheiben von beiden Seiten mit Butterschmalz bestreichen und in eine feuerfeste Form legen. Die Seeteufelscheiben sollen ohne Mittelgräte sein!

2 Den Backofen oder Grill auf 180 °C vorheizen. Die Form auf die zweitoberste Schiene des Ofens schieben und die Fischscheiben 5 Minuten bei Oberhitze dünsten (bei Verwendung des Grills mit Alufolie abdecken). Die Form kurz aus dem Ofen nehmen.

3 Fisch auf beiden Seiten mit Salz, Pfeffer, der Kräutermischung und der gehackten Pfefferminze oder dem durchgepreßten Knoblauch bestreuen. Die Butter in Flocken oder das Olivenöl darübergeben.

4 Den Fisch nochmals für wenige Minuten in den Backofen bei Oberhitze oder unter den Grill schieben. Mit Pfefferminzblättern garnieren.

Fischmedaillons von beiden Seiten mit Butterschmalz gut einpinseln.

Fisch in der Form würzen, mit Kräutern bestreuen und mit dem Fett begießen.

Heilbutt auf Tomaten

Tomaten in Scheiben schneiden und in eine Auflaufform geben, dann würzen.

Fischkoteletts auf die Tomaten legen und mit Butterflöckchen besetzen.

◎ Für 4 Personen
◎ Pro Portion: ca. 280 kcal

500 g mittelgroße Tomaten, 1 EL Olivenöl, Salz, Pfeffer aus der Mühle, 1 Bund Basilikum, 4 Heilbuttkoteletts (à 180 g), Zitronensaft, Zitronenpfeffer, frischgeriebene Muskatnuß, 1/4 l Fischfond (aus dem Glas), 4 TL Butter als Flöckchen

1 Die Tomaten blanchieren, häuten und in Scheiben schneiden, dabei Kerne und Stengelansatz entfernen.

2 Eine Auflaufform mit Olivenöl auspinseln, die Tomaten hineinlegen, salzen und pfeffern.

3 Das Basilikum abbrausen und 4 Zweige beiseite legen. Von den restlichen die Blättchen über den Tomaten abzupfen.

4 Den Backofen auf 200 °C vorheizen. Die Heilbuttkoteletts waschen, trockentupfen, mit Zitronensaft beträufeln, salzen und mit Zitronenpfeffer und Muskat leicht würzen.

5 Den Fischfond in die Form gießen und die Heilbuttkoteletts nebeneinander auf die Tomatenscheiben legen. Die Butterflöckchen darauf verteilen und auf jedes Heilbuttkotelett einen Zweig Basilikum legen.

6 Die Auflaufform auf die mittlere Schiene des Backofens stellen und den Fisch in 15 Minuten garen. Nach Belieben mit Basilikum bestreut servieren.

Thunfischkoteletts mit Kapern

◎ Für 4 Personen
◎ Pro Portion: ca. 190 kcal

4 Thunfischkoteletts (à 250 g), 3 EL Olivenöl, Saft von ½ Zitrone, Salz, Pfeffer aus der Mühle, ½ TL gemahlener Koriander, 3 EL möglichst kleine Kapern (nonpareilles)

1 Die Fischscheiben waschen, trockentupfen und nebeneinander auf eine Arbeitsfläche legen.

2 Die Hälfte des Olivenöls mit dem Zitronensaft verrühren. Die Thunfischscheiben damit einpinseln, salzen, pfeffern und mit Koriander würzen. Zugedeckt 10 Minuten ziehen lassen.

3 Das restliche Olivenöl in einer großen Pfanne erhitzen und die Fischkoteletts nebeneinander hineinlegen und auf jeder Seite 4–5 Minuten braten. Herausnehmen und zugedeckt warmstellen.

4 Die Kapern im verbliebenen Bratfett 3 Minuten erhitzen. Die Thunfischscheiben mit den Kapern bestreuen und auf vorgewärmten Tellern Sofort servieren. Als Beilage Weißbrot oder Folienkartoffeln mit Sauerrahmdressing servieren.

Es schmeckt auch sehr gut, wenn Sie die Kapern durch grünen Pfeffer ersetzen. Auf diese Weise können Sie auch andere Fischkoteletts zubereiten.

Seeteufel in Orangen-Sherry-Sauce

◎ Für 2 Personen
◎ Pro Portion: ca. 405 kcal

2 EL Rosinen, 4 cl halbtrockener Sherry (Oloroso), 2 Orangen (davon 1 unbehandelt), 4 Seeteufelkoteletts (à 100 g), Salz, Pfeffer aus der Mühle, 2 EL Öl

Seeteufel oder Lotte hat festes, nach Languste schmeckendes Fleisch, versehen mit einem Mittelknochen. Also besonders für Grätenfeinde geeignet.

1 Die Rosinen mit Sherry begießen und zugedeckt 15 Minuten marinieren.

2 In der Zwischenzeit die unbehandelte Orange waschen und die Schale mit einem Orangenschäler in feinen Streifen abziehen. Die Frucht halbieren und den Saft auspressen. Die zweite Orange so dick schälen, daß die Haut völlig entfernt ist. Die Fruchtfilets herauslösen und den dabei abtropfenden Saft auffangen.

3 Die Fischkoteletts waschen, trockentupfen, salzen und pfeffern.

4 Das Öl in einer beschichteten Pfanne erhitzen und die Seeteufelscheiben darin bei starker Hitze von beiden Seiten je 3 Minuten anbraten. Dann herausnehmen und zugedeckt warmstellen.

5 Den Bratfond mit Orangensaft ablöschen. Die Rosinen mitsamt der Einweichflüssigkeit sowie die Fruchtsegmente und die Orangenschale hinzufügen. Die Sauce bei starker Hitze so lange einkochen lassen, bis sie sämig ist. Mit Pfeffer abschmecken.

6 Die Seeteufelscheiben in die Sauce geben, darin wenden und kurz erhitzen.

Gebratener Heilbutt mit Salbei

◎ Für 4 Personen
◎ Pro Portion: ca. 270 kcal

4 Heilbuttkoteletts (à 200 g), 3 EL Olivenöl, 1–2 Knoblauchzehen, 2 EL Zitronensaft, Salz, Pfeffer aus der Mühle, 8 frische Salbeiblätter, 2 EL Noilly Prat (trockener französischer Wermut)

1 Die Fischkoteletts waschen und trockentupfen. Für die Marinade den Knoblauch schälen und fein hacken. Mit zwei Eßlöffeln Olivenöl, Zitronensaft, Salz und Pfeffer verrühren und den Fisch damit bestreichen. Die Heilbuttscheiben, mit den Salbeiblättern dazwischen, übereinanderlegen und mit Sichtfolie umhüllt etwa 1 Stunde marinieren.

2 Das restliche Öl in einer beschichteten Pfanne erhitzen und die Fischscheiben darin von beiden Seiten jeweils 2 Minuten anbraten. Die Salbeiblätter hinzufügen und kurz mitbraten.

3 Die Heilbuttscheiben herausnehmen und den Bratfond mit dem Wermut ablöschen. Kurz aufkochen lassen und mit den Salbeiblättern über dem Fisch verteilen. Dazu Salat und Baguette servieren.

Der Heilbutt gehört zu den Großen unter den Plattfischen. Heilbutt ist im Vergleich zu anderen Fischen immer noch relativ preiswert. Er wird vor allem in Stücken (Filet, Kotelett) angeboten.

Schwertfisch in Curry-Joghurt-Sauce

◎ Für 4 Personen
◎ Pro Portion: ca. 290 kcal

MARINADE: 2 EL Sojasauce, 4 cl trockener Sherry (Fino), Saft von 1 Orange, 1 TL frischgeraspelter Ingwer, 1 TL gemahlene Korianderkörner, 1 Msp. Sambal Oelek, 1 EL mildes Currypulver
AUSSERDEM: 4 Schwertfischscheiben (à 200 g), 2 EL Sesamöl, 300 g Joghurt (3,5%), 1 TL Stärkemehl, 2 Stengel Cilantro (Koriandergrün)

Schwertfisch ist auch besonders zum Grillen geeignet. Sein etwas höherer Fettgehalt hält das Fleisch auch bei Grilltemperatur saftig. In den Mittelmeerländern wird er vor allem mit viel Knoblauch, Tomaten und provenzalischen Kräutern zubereitet.

1 Für die Marinade Sojasauce, Sherry und Orangensaft in eine tiefe Platte gießen, die Gewürze hinzufügen und alles gründlich vermischen.

2 Die Fischscheiben waschen, trockentupfen und in die Marinade legen. Etwa 1–2 Stunden darin marinieren. Den Fisch dabei häufig wenden.

3 Das Öl in einer beschichteten Pfanne erhitzen. Die Fischscheiben aus der Marinade nehmen, abtropfen lassen und im heißen Fett von beiden Seiten bei mittlerer Hitze je 3–4 Minuten braten.

4 Den Joghurt in eine Schüssel geben und gründlich mit dem Stärkemehl und der Marinade verquirlen.

5 Die Joghurtmischung über den Fisch gießen und bei mittlerer Hitze sämig kochen lassen. Mit Cilantroblättern bestreuen.
Als Beilage paßt Reis.

Lotte in Calvadossauce

- Für 4 Personen
- Pro Portion: ca. 320 kcal

4 Seeteufelmedaillons (à 200 g), 1/8 l Milch, Mehl, 2 EL Butter, Salz, schwarze Pfefferkörner, 4 cl Calvados, 6 EL Crème fraîche, Schnittlauch zum Bestreuen

1 Die Seeteufelscheiben waschen und mit Küchenpapier trockentupfen. In der Milch und danach in etwas Mehl wenden.

2 Die Butter in einer Pfanne erhitzen und die Fischscheiben darin von beiden Seiten in ca. 6–8 Minuten goldgelb braten. Mit Salz und grobzerstoßenen Pfefferkörnern würzen. Aus der Pfanne nehmen und warmhalten.

3 Den Bratensatz mit Calvados ablöschen, kurz flambieren und die Crème fraîche hinzufügen. 2 Minuten durchkochen lassen, dann den Schnittlauch hinzufügen. Die Fischscheiben auf vorgewärmte Teller geben, mit der Schnittlauchsauce umgießen und servieren.

Servieren Sie dazu einen trockenen Weißwein, z. B. Gros-Plant von der Loire.

Lachskoteletts auf Pilzen

◎ Für 4 Personen
◎ Pro Portion: ca. 450 kcal

Als feine, allerdings etwas kostspielige Beilage zu diesem Gericht paßt kanadischer Wildreis oder eine Mischung aus Langkorn- und Wildreis.

500 g Champignons, 2 EL Butter, 2 Schalotten, fein gehackt, 1/8 l trockener Weißwein, 1/4 l Fischfond (aus dem Glas), 1 Lorbeerblatt, 1 Bund Dill, 4 Lachskoteletts (à 180 g), Zitronensaft, Salz, Pfeffer aus der Mühle, 1 EL eiskalte Butter

1 Die Champignons putzen, kurz abbrausen und in Scheiben schneiden.

2 Schalotten in der heißen Butter kurz andünsten und die Champignons zufügen. Bei starker Hitze 5 Minuten dünsten.

3 Mit dem Wein ablöschen und mit dem Fond aufgießen. Das Lorbeerblatt zufügen. Den Dill abbrausen und die Hälfte davon hineinlegen. Alles 5 Minuten kochen lassen.

4 Den Lachs schuppen, waschen und trockentupfen. Mit Zitronensaft beträufeln, salzen, pfeffern und auf die Champignons legen. Zugedeckt 8 Minuten bei schwacher Hitze gar ziehen lassen.

5 Den Lachs und die Pilze aus dem Sud nehmen und warmstellen.

6 Lorbeerblatt und Dill entfernen. Die Butter in kleinen Stückchen unterschlagen, bis die Sauce cremig ist. Mit Salz, Pfeffer und Zitronensaft abschmecken.

7 Den restlichen Dill über dem Topf abzupfen. Die Champignons wieder unterheben. Den Lachs auf vorgewärmten Tellern mit der Champignonsauce anrichten.

Thunfischsteaks mit Cidre-Äpfeln

◎ Für 4 Personen
◎ Pro Portion: ca. 360 kcal

4 Thunfischsteaks (à 200 g), Salz, Pfeffer aus der Mühle, Saft von 1 Zitrone, 4 mittelgroße, aromatische Äpfel (z. B. Cox Orange oder Boskop), 20 g Butter, 1 TL Zucker, 1 Msp. Safran, 1 Msp. Cayennepfeffer, schwarzer Pfeffer, grob geschrotet, 1 Zweig Thymian, 1/8 l Cidre, 2 EL Öl

1 Die Thunfischscheiben waschen, trockentupfen, mit Salz und Pfeffer würzen und mit Zitronensaft beträufeln.

2 Die Äpfel schälen, halbieren, entkernen und in Spalten schneiden.

3 Die Butter in einer Kasserolle erhitzen und den Zucker darin bei mittlerer Hitze karamelisieren lassen. Die Äpfel hinzufügen, mit Safran, Cayennepfeffer, Salz, Pfeffer und abgezupften Thymianblättchen würzen. Mit Cidre aufgießen und zugedeckt in 6–8 Minuten weich schmoren.

4 Währenddessen das Öl in einer beschichteten Pfanne erhitzen und die Fischscheiben bei starker Hitze von beiden Seiten in je 3–4 Minuten goldbraun braten.

5 Die Thunfischscheiben auf eine vorgewärmte Platte legen. Die Schmoräpfel noch einmal würzig abschmecken und dazu anrichten.

Thunfischfleisch ist fast grätenlos. Es gibt zwei Arten Thunfisch: Roter Thunfisch und weißer. Feiner ist der weiße, besonders Bonito (kleiner weißer Thunfisch).

Kabeljaukoteletts auf Porree

◎ Für 4 Personen
◎ Pro Portion: ca. 260 kcal

500 g Porree, 3 EL Butter, ¼ l Weißwein, Salz, Pfeffer aus der Mühle, frischgeriebene Muskatnuß, 4 Kabeljaukoteletts (à 180 g), 1 Zitrone

1 Den Porree putzen, längs aufschlitzen und unter fließendem Wasser gündlich ausspülen. Anschließend in schmale Ringe schneiden.

2 Die Hälfte der Butter in einer Bratreine oder einem Bräter erhitzen. Die Porreeringe darin 5 Minuten dünsten. Mit dem Weißwein aufgießen und mit Salz, Pfeffer und Muskat würzen. Einmal aufkochen lassen und bei milder Hitze weitere 5 Minuten garen.

3 Die Kabeljaukoteletts waschen, trockentupfen und mit dem Saft einer halben Zitrone beidseitig beträufeln. Salzen, pfeffern und nebeneinander auf den Porree legen.

4 Die restliche Butter als Flocken auf dem Fisch verteilen. Die zweite Zitronenhälfte in dünne Scheiben schneiden und auf die Kabeljaukoteletts legen. Zugedeckt bei mittlerer Hitze in 15 Minuten garen.

5 Zum Servieren die Kabeljaukoteletts auf vorgewärmte Teller legen und den Porree daneben anrichten. Mit dem Garsud übergießen.

Ganz festlich wird das Gericht, wenn Sie anstelle des Kabeljaus Lachs verwenden. Als Beilage paßt Kartoffelpüree, mit feingewiegten Kräutern vermischt, und als Getränk ein trockener Weißwein.

Seeteufelmedaillons mit Shiitakepilzen

◎ Für 4 Personen
◎ Pro Portion: ca. 220 kcal

2 EL Sojaöl, 1 kleine Zwiebel, fein gehackt, 400 g Shiitakepilze, 5 cl trockener Sherry (Fino), 6 EL Sojasauce, 1 Kästchen Kresse, 8 Seeteufelmedaillons (à 80 g), Zitronensaft, Salz, Pfeffer aus der Mühle, 1 TL feingehackte Ingwerwurzel

1 Das Sojaöl in einer breiten Pfanne erhitzen. Die Zwiebelwürfel darin glasig dünsten.

2 Inzwischen die Shiitakepilze putzen, in einem Sieb kurz abbrausen und samt Stielen in sehr feine Streifen schneiden. In die Pfanne geben und bei starker Hitze 5 Minuten dünsten. Den Sherry und die Sojasauce aufgießen und 10 Minuten bei mittlerer Hitze weitergaren.

3 Die Kresse unter fließendem Wasser abbrausen und zwei Drittel der Blättchen über den Shiitakepilzen abschneiden und untermischen.

4 Die Seeteufelmedaillons waschen, trockentupfen, mit Zitronensaft beträufeln, salzen und pfeffern. Mit dem Ingwer würzen und zu den Pilzen geben. Zugedeckt in 6–8 Minuten bei schwacher Hitze gar ziehen lassen.

5 Vor dem Servieren mit den restlichen Kresseblättchen bestreuen.

Wenn Sie keine Shiitakepilze bekommen, können Sie auch auf Austernpilze oder Egerlinge ausweichen. Die geeignete Beilage: in Butter geschwenkter Langkorn-Safran-Reis.

FILETS & TRANCHEN – S GERICHTE DER

Schollen auf Kohlrabi-Julienne (Rezept Seite 76)

CHNELL-
EXTRAKLASSE

Mittelmeerfische auf dem Salatbett

Die verschiedenen Fische waschen und sorgfältig abtrocknen.

Langustinen auf der Bauchseite aufschneiden, das Fleisch auslösen und den Darm entfernen.

◎ Für 4 Personen
◎ Pro Portion: ca. 425 kcal

4 Rotbarbenfilets (à 60 g), 4 Seezungenfilets (à 60 g), 4 Scheiben Seeteufel (à 60 g), 8 Langustinen, Salz, Pfeffer aus der Mühle, 2 Kopfsalat, 4 EL Olivenöl zum Braten der Fische
DRESSING: 1 Schalotte, 2 Knoblauchzehen, 1 Bund Basilikum, Salz, 1–2 EL Sherryessig, 6 EL Olivenöl, Pfeffer aus der Mühle

1 Die Fischfilets waschen, trockentupfen und mit Salz und Pfeffer würzen. Die Langustinen an der Bauchseite mit einem Messer aufschneiden, das Fleisch auslösen und den schwarzen Darm mit einem spitzen Messer entfernen.

2 Vom Salat die äußeren grünen Blätter entfernen, die inneren gelben Blätter auseinanderlösen, waschen und trockenschleudern.

3 Das Olivenöl in einer Pfanne erhitzen und die Fischscheiben und Langustinen darin von beiden Seiten bei starker Hitze jeweils 2–3 Minuten anbraten. Warmstellen.

4 Für das Dressing Schalotte und Knoblauch schälen, die Schalotte fein hacken, Knoblauch zerdrücken. Das Basilikum fein hacken. Salz und Essig verrühren, bis sich das Salz gelöst hat, dann nach und nach unter Rühren mit einem Schneebesen das Öl dazugießen. Zum Schluß Schalotten, Knoblauch und Basilikum untermischen und mit weißem Pfeffer fein abschmecken.

5 Die Salatblätter auf einer großen Platte verteilen, die Fische darauflegen und mit dem Dressing beträufeln.

Rotzungenfilets in Schnittlauchsahne

◎ Für 4 Personen
◎ Pro Portion: ca. 350 kcal

2 EL Butter, 1 mittelgroße Zwiebel, gehackt, 0,2 l trockener Weißwein, 200 g Sahne, Salz, Pfeffer aus der Mühle, 2 Bund Schnittlauch, 8 Rotzungenfilets (à 70 g), Zitronensaft

1 Die Butter in einer breiten Pfanne mit hohem Rand schmelzen. Die Zwiebelwürfel darin bei schwacher Hitze weich dünsten.

2 Mit dem Weißwein aufgießen und um ein Drittel einkochen lassen. Die Sahne zufügen und um knapp die Hälfte einkochen lassen, bis die Sauce eine cremige Konsistenz hat.

3 In dieser Zeit den Schnittlauch waschen, trockentupfen und in feine Ringe schneiden. Zum Schluß in die Sauce rühren und mit Salz und Pfeffer würzen.

4 Die Rotzungenfilets waschen, trockentupfen, mit Zitronensaft beträufeln, leicht salzen und pfeffern. In die Schnittlauchsauce legen und zugedeckt bei schwacher Hitze in 4–5 Minuten gar ziehen lassen.

Bereiten Sie nach diesem Rezept auch mal Seezungen- oder Schollenfilets zu. Die Schnittlauch-Sahne-Sauce ist eine feine Basis für zarte Fischsorten.

Schollen auf Kohlrabi-Julienne

- Für 4 Personen
- Pro Portion: ca. 230 kcal
- Siehe Abbildung S. 73

8 Schollenfilets (à 70 g), Salz, Pfeffer aus der Mühle, Saft von 1 Zitrone, 2 EL gehackte Petersilie, 2 mittelgroße, junge Kohlrabi, 20 g Butter, 1 EL gehackte Zwiebeln, 4 EL trockener Weißwein, 1 EL Crème fraîche, 1 EL Petersilie zum Bestreuen

1 Die Schollenfilets waschen, trockentupfen, mit Salz und Pfeffer würzen und mit Zitronensaft beträufeln. Die Filets auf einer Seite mit Petersilie bestreuen und aufrollen. Mit einem Holzspieß zusammenstecken.

2 Die Kohlrabi schälen und erst in dünne Scheiben, dann in schmale Streifen schneiden. Die inneren zarten Blätter auch in feine Streifen schneiden.

3 Die Butter in einer Kasserolle erhitzen und erst die Zwiebelwürfel, dann die Kohlrabistifte darin anschwitzen. Mit Wein aufgießen und zugedeckt etwa 5 Minuten dünsten.

4 Die Crème fraîche unter das Gemüse mischen, die Fischröllchen darauf verteilen und mit dem Kohlrabigrün bestreuen. Zugedeckt bei schwacher Hitze in 5–7 Minuten garen.

5 Die Röllchen auf dem Gemüse mit der Petersilie bestreut servieren.

Anstelle von Schollenfilets eignen sich die noch feiner schmeckenden Filets von Seezunge für die Zubereitungsmethode. Wichtig ist in jedem Fall, daß Sie für die Julienne zarte, wirklich frische Kohlrabi verwenden.

Seezungenfilets im Sherrydampf

◎ Für 4 Personen
◎ Pro Portion: ca. 160 kcal

600 g Seezungenfilets, 4 EL Sojasauce, 2 Knoblauchzehen, Salz, Pfeffer aus der Mühle, 1 Bund Frühlingszwiebeln (ca. 8 Stück), 6 cl trockener Sherry (Fino)

1 Die Seezungenfilets waschen, trockentupfen und nebeneinander auf eine Platte legen.

2 Die Sojasauce in eine kleine Schüssel geben. Den Knoblauch schälen und dazupressen. Die Schollenfilets salzen, pfeffern und mit der Sojasauce übergießen. Zugedeckt beiseite stellen.

3 Die Frühlingszwiebeln putzen, waschen und schräg in 2 cm lange Stücke schneiden.

4 Einen Fischtopf oder einen anderen breiten Topf ca. 3 cm hoch mit Wasser füllen. Den Sherry dazugießen und aufkochen lassen.

5 Inzwischen die Frühlingszwiebeln auf den Siebeinsatz geben, salzen, pfeffern und die marinierten Seezungenfilets darauflegen. Den Siebeinsatz in den Topf stellen, den Deckel daraufsetzen und den Fisch im Dampf in 8–10 Minuten garen.

6 Die Seezungenfilets mit den Frühlingszwiebeln auf vorgewärmten Tellern anrichten.

Seezungenfilets mit einer Marinade aus Sojasauce und Knoblauch übergießen.

Die Fischfilets und die Frühlingszwiebeln in einem Siebeinsatz über Dampf garen.

Fischfilets mit Salz, Pfeffer und frischgepreßtem Zitronensaft würzen.

Gratiniertes Rotbarschfilet in Senfrahm

◎ Für 4 Personen
◎ Pro Portion: ca. 300 kcal

600 g Rotbarschfilet, Zitronensaft, Salz, Pfeffer aus der Mühle, Fett für die Form, 150 g Crème fraîche, 2 EL mittelscharfer Senf, 1/8 l Fischfond (aus dem Glas), 1 TL Stärkemehl, 1 Kästchen Kresse

1 Das Rotbarschfilet waschen, trockentupfen und in 4 Portionen teilen. Auf eine Platte legen, mit Zitronensaft beträufeln, salzen und pfeffern.

2 Eine Auflaufform einfetten und die Rotbarschfilets nebeneinander hineinlegen.

3 Den Backofen auf 200 °C vorheizen. Für die Sauce die Créme fraîche mit dem Senf und dem Fischfond in einem kleinen Topf gut verrühren. Das Stärkemehl in etwas Wasser auflösen und zufügen. Alles aufkochen und kurz köcheln lassen. Mit Salz, Pfeffer und Zitronensaft würzen.

4 Die Kresse unter fließendem Wasser abbrausen und die Hälfte der Blättchen über dem Topf mit der Sauce abschneiden. Die Sauce über dem Fisch verteilen.

5 Die Auflaufform in die Mitte des Backofens stellen und den Fisch in 20 Minuten garen.

6 Die Form aus dem Ofen nehmen und die restliche Kresse direkt darüber abschneiden. Gleich in der Form servieren.

Gefüllte Seezungenröllchen

◎ Für 4 Personen
◎ Pro Portion: ca. 355 kcal

600 g Seezungenfilets, Zitronensaft, Salz, Pfeffer aus der Mühle, 100 g Krabben, 1 EL Semmelbrösel, 1 EL Crème fraîche, ½ Bund Schnittlauch, fein geschnitten, 1 EL Butter, 1 Schalotte, fein gehackt, 1 Döschen gemahlener Safran, 4 EL weißer Portwein, 200 g Sahne

1 Die Seezungenfilets waschen, mit Küchenpapier trockentupfen, mit Zitronensaft beträufeln, salzen und pfeffern.

2 Die Krabben mit den Semmelbröseln und der Crème fraîche im Mixer pürieren. Den Schnittlauch untermischen und die Farce mit Salz, Pfeffer und Zitronensaft abschmecken.

3 Die Seezungenfilets ausbreiten, mit der Krabbenfüllung bestreichen und zusammenrollen.

4 Die Butter in einer Kasserolle erhitzen. Die Schalottenwürfel darin weich dünsten. Den Safran darüberstäuben und kurz anschwitzen. Den Portwein zufügen, aufkochen, und die Sahne dazugießen. 2 Minuten kochen.

5 Die Fischröllchen nebeneinander in die Sauce stellen und zugedeckt bei schwacher Hitze in 6–8 Minuten gar ziehen lassen. Die Seezunge läßt sich auch durch Schollenfilets ersetzen.

Das Krabbenpüree auf die Seezungenfilets streichen und die Filets von der Schmalseite her zusammenrollen. Wenn nötig, mit Zahnstochern verschließen.

Zanderfilets mit rosa Pfeffersauce

◎ Für 4 Personen
◎ Pro Portion: ca. 475 kcal

4 Zanderfilets, Salz, Pfeffer aus der Mühle, 2 TL Zitronensaft, 2 EL weiche Butter, 1 EL gehackte Kresse, 1 EL geschnittener Schnittlauch, 4 kleine Baguettescheiben
SAUCE: 1 EL gehackte Schalotten, 1 EL Butter, 3 EL weißer Portwein, (ersatzweise Sherry), 1 EL rosa Pfefferkörner, 250 g Sahne, Salz, Pfeffer aus der Mühle

Rosa Pfefferkörner gehören nicht zur Pfefferfamilie, sondern heißen eigentlich Schinusfrüchte. Sie verleihen den Saucen einen spezifischen Geschmack, der milder ist als jener des echten Pfeffers.

1 Die Zanderfilets mit Salz und Pfeffer würzen und mit 1 Teelöffel Zitronensaft beträufeln. 5 Minuten im Kühlschrank ziehen lassen.

2 Die Butter mit der Kresse und dem restlichen Zitronensaft gut mischen. Mit Salz und Pfeffer abschmecken.

3 Für die Sauce die Schalotten in der Butter glasig dünsten, die marinierten Fischfilets hinzufügen und bei ganz schwacher Hitze halb zugedeckt 5–8 Minuten dünsten. Die Fischfilets aus dem Topf nehmen und warm stellen.

4 Den Portwein und den rosa Pfeffer zu den Schalotten geben, stark aufkochen lassen, die Sahne hinzufügen und reduzieren, bis die Sauce sämig wird. Zum Schluß mit Salz und Pfeffer abschmecken.

5 Die Sauce auf eine vorgewärmte Platte gießen, die Fischfilets darauf anordnen und mit dem Schnittlauch bestreuen.

6 Die Baguettescheiben toasten und großzügig mit der Kressebutter bestreichen. Je eine Scheibe zu den Fischfilets legen.

Gratiniertes Kabeljaufilet

◎ Für 4 Personen
◎ Pro Portion: ca. 270 kcal

3 Brötchen, 1/8 l Milch, 2 Eier, 1 Bund glatte Petersilie, 3 Knoblauchzehen, Salz, Pfeffer aus der Mühle, 1 EL Olivenöl, 4 Scheiben Kabeljaufilet (à 160 g), Zitronensaft, 3 EL Kapern

Sie können den Fisch auch auf ein Bett aus Tomatenscheiben oder auf Spinat legen. Dann gart die Gemüsebeilage gleich mit.

1 Die Brötchen in feine Scheiben schneiden. Die Milch mit den Eiern verquirlen. Die Petersilie fein hacken und dazugeben. Den Knoblauch schälen und dazupressen. Mit Salz und Pfeffer kräftig würzen.

2 Den Backofen auf 220 °C vorheizen. Den Fisch waschen, trockentupfen, rundum mit Zitronensaft beträufeln, salzen und pfeffern.

3 Eine Auflaufform mit dem Olivenöl einpinseln und den Fisch hineinlegen. Mit den Kapern bestreuen.

4 Die Brötchenscheiben dachziegelartig darauflegen und mit der Milch-Eier-Mischung übergießen.

5 Den Fisch auf der mittleren Schiene des Backofens in 15–20 Minuten goldgelb überbacken.

Gratiniertes Steinbeißerfilet auf Spinat

- Für 4 Personen
- Pro Portion: ca. 630 kcal

2 EL Butter, 1 mittelgroße Zwiebel, fein gehackt, 2 Knoblauchzehen, 600 g Blattspinat, tiefgekühlt und aufgetaut, Salz, Pfeffer aus der Mühle, frischgeriebene Muskatnuß, ½ TL Kreuzkümmel, gemahlen, 750 g Steinbeißerfilets, Zitronensaft, Fett für die Form, 2 Eier, 200 g Sahne, 100 g geriebener Knoblauchschnittkäse

Das Fleisch vom Steinbeißer ist sehr fest und nicht grätenreich. Als Ersatz eignet sich Rotbarsch oder das Fischfleisch vom Seeteufel.

1 Die Butter in einem Topf erhitzen. Die Zwiebelwürfel darin glasig dünsten. Den Knoblauch schälen und dazupressen. Den Spinat zufügen und 5 Minuten dünsten. Mit Salz, Pfeffer, Muskat und Kreuzkümmel würzen. Spinat in ein Sieb geben und ausdrücken.

2 Den Backofen auf 220 °C vorheizen. Die Steinbeißerfilets waschen, trockentupfen, mit Zitronensaft beträufeln, salzen und pfeffern.

3 Eine Auflaufform einfetten und die Hälfte des Spinats darin verteilen. Die Steinbeißerfilets nebeneinander darauflegen und mit dem restlichen Spinat bedecken.

4 Eier, Sahne und Käse verühren, salzen, pfeffern und über den Spinat gießen.

5 Die Form in die Mitte des Backofens stellen und den Fisch in 15–20 Minuten garen.

Schollenfilets in rot-grüner Sauce

◎ Für 4 Personen
◎ Pro Portion: ca. 230 kcal

600 g Schollenfilets, Zitronensaft, Salz, Pfeffer aus der Mühle, 1 Msp. Piment, gemahlen, 3 EL Olivenöl, 1 mittelgroße Zwiebel, gehackt, 2 Fleischtomaten, 1 TL Paprika, edelsüß, 1 Glas grüne Oliven, mit Paprika gefüllt (125 g)

1 Die Schollenfilets waschen, trockentupfen und nebeneinander auf eine Platte legen. Mit Zitronensaft beträufeln, salzen, pfeffern und mit Piment würzen.

2 Die Hälfte des Olivenöls in einer breiten Pfanne erhitzen. Die Zwiebelwürfel darin glasig dünsten.

3 Die Tomaten blanchieren, häuten, entkernen und grob hacken. In die Pfanne geben und bei mittlerer Hitze 10 Minuten offen köcheln lassen. Mit Salz, Pfeffer und Paprika würzen.

4 Inzwischen die Oliven in einem Sieb abtropfen lassen, in schmale Scheiben schneiden und unter die Tomatensauce mischen und erwärmen.

5 Das restliche Olivenöl in einer zweiten Pfanne erhitzen und die Schollenfilets darin 3–4 Minuten braten, dabei einmal wenden.

6 Fisch auf einer vorgewärmten Platte anrichten und mit der Sauce überziehen.

Verwenden Sie für die Tomatensauce vollfleischige, reife Tomaten, die nicht zu viel Saft ziehen. Im Winter ist es ohnehin besser, bei Tomaten auf gute Dosenware zurückzugreifen, da meist gute, reife Früchte dafür verwendet werden.

Gratinierte Schollenfilets

◎ Für 4 Personen
◎ Pro Portion: ca. 590 kcal

4 Schollenfilets (à 250 g), Meersalz, 100 g Butter, 250 g frische Champignons, 1 Schalotte, 1 EL gehackte Kräuter (Kerbel, Petersilie, Estragon), abgeriebene Schale von ½ unbehandelten Zitrone, 1 EL Senf, 250 g Sahne, 2 Eigelb, 1 Prise Zucker, Saftz von ½ Zitrone, Butter für die Form

Gewürzte Fischfilets auf beiden Seiten bei mäßiger Hitze anbraten.

Fischstücke und Pilze in einer feuerfesten Form mit der Sahnebegießen.

1 Die Schollenfilets waschen, mit Küchenpapier trockentupfen und salzen. 30 g Butter in einer Pfanne erhitzen und die Fischfilets darin bei leichter Hitze von beiden Seiten anbraten. Aus der Pfanne nehmen und warmstellen. Die Champignons putzen und in Scheiben schneiden.
20 g Butter in die Pfanne geben und die Champignons unter Schütteln der Pfanne 5 Minuten durchschmoren.

2 Die Schalotte schälen und in kleine Würfel schneiden. Mit den Kräutern, Zitronenschale und Senf vermischen. Sahne, Eigelbe und Kräutermischung unter ständigem Rühren erhitzen, die Sauce darf aber nicht kochen.

3 Die restliche Butter in kleinen Flöckchen unter die Sauce rühren, mit Salz, Zucker und Zitronensaft abschmecken. Die Sauce darf weiterhin keinesfalls kochen.

4 Den Backofen oder den Grill des Backofens auf 250 °C vorheizen.

5 Eine flache Auflaufform oder eine feuerfeste Platte mit Butter einstreichen und die Schollenfilets dachziegelartig nebeneinander in die

Form geben. Die Champignons darüberfüllen. mit der Sahne übergießen und 5 Minuten auf der mittleren Schiene im Backofen gratinieren, bis die Oberfläche leicht zu bräunen beginnt. Nach dem gleichen Rezept lassen sich auch Seezungenfilets zubereiten.

Dorschfilets mit Nußpanade

- Für 4 Personen
- Pro Portion: ca. 310 kcal

4 Dorschfilets (à 150 g), Meersalz, Pfeffer aus der Mühle, je 1 EL Öl und Butter, Mehl, 1 Ei, 80 g in Blättchen geschnittene Haselnüsse

1 Die Dorschfilets waschen, mit Küchenpapier trockentupfen, mit Salz einreiben und mit Pfeffer bestreuen.

2 Öl und Butter in einer tiefen Pfanne erhitzen. Das Mehl in einen tiefen Teller geben und das Ei auf einem zweiten Teller gründlich verschlagen.

3 Den Fisch erst in Mehl, dann in dem Ei und zum Schluß in den Haselnußblättchen wenden. Sofort in das heiße Fett geben und von beiden Seiten goldbraun braten. Die Hitze soll nicht zu stark sein, damit die Nüsse nicht zu braun werden. Sofort auf vorgewärmte Teller geben und servieren.

Statt in Haselnüssen kann man die Fischfilets auch in Sesamkörnern wenden. Die klassische Beilage: Kartoffelsalat in einem leichten Öl-Essig-Dressing.

Zanderfilets in Kräutersahne

◎ Für 4 Personen
◎ Pro Portion: ca. 345 kcal

Der beliebte Zander kommt heute meist aus Teichwirtschaften. Wichtig ist, daß der Süßwasserfisch beim Einkauf sehr frisch ist und möglichst am selben Tag verwendet wird, da das zarte Fleisch nur von kurzer Haltbarkeit ist.

4 Zanderfilets (à 150 g), Salz, Pfeffer aus der Mühle, 1 EL Butter, 4 EL Fischfond (aus dem Glas), 4 EL Weißwein , 250 g Sahne, 4 Stengel Petersilie, 4 Stengel Kerbel, 4 Estragonblätter, 6 Basilikumblätter

1 Die Zanderfilets waschen, mit Küchenpapier trockentupfen und mit Salz und Pfeffer würzen. Den Backofen auf 190 °C vorheizen.

2 Eine flache, feuerfeste Form mit der Butter ausstreichen und die Filets nebeneinander darauf legen. Mit dem Fischfond und dem Wein aufgießen und auf der mittleren Schiene im Backofen 8 Minuten pochieren.

3 Die Filets herausnehmen und warmstellen. Den Pochierfond in eine Kasserolle gießen und einkochen lassen. Mit der Sahne aufgießen, salzen und pfeffern. Im offenen Topf kochen lassen, bis die Sahne anfängt, dicklich zu werden.

4 Inzwischen die Petersilie hacken, die Kerbelblättchen abzupfen und die Estragon- sowie Basilikumblätter mit einer Schere in Streifen schneiden. Die Kräuter an die Sauce geben und durchziehen, aber nicht mehr kochen lassen. Die Sauce heiß über die angerichteten Zanderfilets gießen.

Überbackene Fischfilets provenzalisch

- Für 4 Personen
- Pro Portion: ca. 250 kcal

40 g grüne Oliven, 500 g geschälte Tomaten (evtl. aus der Dose), 4 Meeresfischfilets (à 150 g Seezunge, Flunder, Goldbutt), Salz, Pfeffer aus der Mühle, 2 EL Olivenöl, 40 g gehackte Zwiebeln, 100 g in Scheiben geschnittene Champignons, 1 Knoblauchzehe, 2 EL Tomatenpüree, 4 EL Weißwein, 3 EL geriebenes Weißbrot, 2 EL gehackte Petersilie, 1 EL Butterflocken

1 Die Oliven entsteinen und hacken. Die Tomaten kleinschneiden.

2 Die Fischfilets salzen und pfeffern. In einer Pfanne 1 Eßlöffel Olivenöl erhitzen und die Fischfilets von beiden Seiten kurz anbraten. Anschließend in eine feuerfeste Form legen.

3 Die Zwiebeln, die Champignonscheiben, die Tomatenwürfel, die gehackten Oliven und den durchgepreßten Knoblauch im restlichen Olivenöl 10 Minuten dünsten, bis nur noch sehr wenig Flüssigkeit vorhanden ist.

4 Das Tomatenpüree im Weißwein auflösen, zum Gemüse geben, 5 Minuten einkochen lassen, salzen und pfeffern.

5 Das gedünstete Gemüse auf den Fischfilets verteilen und mit dem geriebenen Brot, der Petersilie und den Butterflocken bestreuen. 10 Minuten im Ofen bei 220 °C überbacken. In der Form servieren.

Die gut gewürzten Fischfilets in Olivenöl auf beiden Seiten anbraten.

Das gedünstete Gemüse gleichmäßig auf den Fischfilets verteilen.

Kabeljaufilets mit Tomaten und Champignons

Pilzsauce auf den angerichteten Fisch geben, mit Basilikum garniert sofort servieren.

◎ Für 4 Personen
◎ Pro Portion: ca. 455 kcal

500 g reife Tomaten, 1 große Zwiebel, 40 g Butter, Meersalz, Pfeffer aus der Mühle, 200 g Champignons, 4 Kabeljaufilets (à 180–200 g), 15 cl Weißwein, 250 g Sahne, einige Basilikumblätter

1 Die Tomaten überbrühen, häuten und in kleine Stücke schneiden, dabei das harte gelbe Mark und die Kerne zurücklassen. Die Zwiebeln schälen und fein hacken.

2 Einen Eßlöffel Butter in einer Pfanne erhitzen, die Hälfte der Zwiebelwürfel darin glasig braten, die Tomatenstücke hinzufügen, salzen und pfeffern. Die Tomatensauce unter gelegentlichem Rühren kochen, bis sie dicklich ist.

3 Die Champignons waschen und in Würfel schneiden. Die restlichen Zwiebelwürfel in einer feuerfesten Form in der restlichen Butter kurz anbraten. Die Champignonwürfel hinzufügen, mit den Zwiebelwürfeln vermischen und mit Salz und Pfeffer abschmecken.

4 Den Backofen auf 200 °C vorheizen. Die Fischfilets gründlich waschen, mit Küchenpapier abtrocknen und salzen und pfeffern. Auf das Pilzgemüse legen und mit dem Wein begiessen. Mit Aufolie bedecken und auf der mittleren Schiene im Backofen 10 Minuten garen. Den Fisch vorsichtig auf eine vorgewärmte Platte geben, mit Folie bedecken und warmstellen.

5 Das Pilzgemüse in eine Kasserolle schütten und etwas einkochen. Die Sahne hinzufügen und unter Rühren dicklich einkochen. Die Champignon-Sahne-Sauce mit der Tomatensauce vermischen.

6 Sauce über den Fisch gießen und mit den geschnittenen Basilikumblättern bestreuen.

Lachsomelett

◎ Für 2 Personen
◎ Pro Portion: ca. 355 kcal

200 g frisches Lachsfilet, 3 Eigelb, 1 EL Mehl, abgeriebene Schale von ½ unbehandelten Zitrone, 1 EL gehackter Dill, 1 EL Noilly Prat (trockener französischer Wermut), Salz, Pfeffer aus der Mühle, 3 Eiweiß, 20 g Butter

1 Das Lachsfilet waschen, trockentupfen und fein pürieren.

2 Püree mit Eigelben und Mehl vermischen. Zitronenschale, Dill und Wermut hinzufügen und mit Salz und Pfeffer würzen.

3 Die Eiweiße zu steifem Schnee schlagen und locker unter die Lachsfarce ziehen.

4 Die Hälfte der Butter in einer beschichteten Pfanne erhitzen und die Hälfte der Fischmasse hineingeben. Von einer Seite bei mittlerer Hitze goldgelb braten, dann mit Hilfe eines Deckels vorsichtig wenden und auch die zweite Seite braten. Das zweite Omelett auf die gleiche Weise zubereiten oder parallel mit zwei Pfannen arbeiten.

Verwenden Sie für das Lachsomelett möglichst frischen Dill; er ist aromatischer als tiefgekühlter.

Lachsfilets auf Schmorgurken

◎ Für 2 Personen
◎ Pro Portion: ca. 510 kcal

1 mittelgroße Schmor- oder Salatgurke, 1 kleine Zwiebel, 20 g Butter, Salz, Pfeffer aus der Mühle, 2 EL trockener Weißwein, 2 EL gehackter, frischer Dill, 2 Lachsfilets (à 200 g), 1 EL Zitronensaft, 1 EL geschlagene Sahne, 2 Dillzweige, 2 Zitronenscheiben

Für das erfrischende Schmorgurkengemüse eignet sich als Kräuterwürze auch frische Minze (keine getrocknete, schmeckt häufig zu intensiv). Wenn Sie ca. 10 Blättchen davon verwenden, ist das für die Gurkenmenge gerade richtig.

1 Die Schmorgurke schälen, halbieren, falls nötig, entkernen und quer in schmale Streifen schneiden. Die Zwiebel schälen und fein hacken.

2 Die Butter in einer Kasserolle erhitzen und die Zwiebelwürfel darin anbraten. Die Gurkenstreifen dazugeben, kurz anschwitzen und mit Salz und Pfeffer würzen. Mit Wein aufgießen und einen Eßlöffel Dill untermischen. Zugedeckt 4–5 Minuten bei schwacher Hitze schmoren.

3 Die Lachsscheiben waschen, mit Küchenpapier trockentupfen, salzen, pfeffern und mit Zitronensaft beträufeln.

4 Die Fischscheiben auf das Gurkengemüse legen und zugedeckt bei schwacher Hitze in 4–5 Minuten gar dämpfen, herausnehmen und warmstellen.

5 Die Sahne und den restlichen Dill unter das Gemüse ziehen.

6 Das Gemüse auf zwei gut vorgewärmte Teller verteilen, den Fisch dazu anrichten und mit einem Dillzweig und einer Zitronenscheibe garnieren.

Fischfilet mit Ingwer

◎ Für 4 Personen
◎ Pro Portion: ca. 275 kcal

4 Scheiben (à 200 g) Fischfilet (z. B. Rotbarsch, Seehecht, Kabeljau), Zitronensaft, Salz, Mehl zum Wenden, 4 EL Maiskeimöl oder Erdnußöl, 2 Knoblauchzehen, 2 kandierte Ingwerfrüchte oder 1 EL geraspelte Ingwerwurzel, 1 EL Essig, 0,2 l Fleisch- oder Fischbrühe (aus Exrakt), 1 EL Sherry, 2 TL Stärkemehl, 1 Msp. gemahlene Nelken, 2 EL Sojasauce, 1 Msp. Zucker

1 Die Fischfilets waschen und mit Küchenpapier trockentupfen. Mit Zitronensaft beträufeln, salzen, dann in Mehl wenden.

2 Das Öl in einer großen Pfanne erhitzen und die Fischfilets darin in 5–6 Minuten von beiden Seiten goldbraun braten.

3 In dieser Zeit die geschälten Knoblauchzehen und die Ingwerfrüchte fein hacken. Essig, Fleisch- oder Fischbrühe, Sherry und Stärkemehl miteinander verrühren.

4 Den Fisch aus der Pfanne nehmen und auf einer Platte warmhalten. Knoblauch und Ingwer in der gleichen Pfanne anbraten. Mit der angerührten Brühemischung aufgießen. Nelkenpulver, Sojasauce und Zucker hinzufügen und die Sauce aufkochen lassen. Die Fischfilets mit der Sauce übergossen servieren.

Beilage: körnig gekochter Reis.

Das fernöstlich angehauchte Fischgericht bekommt seine Würze durch die Beigabe von Ingwer. Mit Ingwer sollte man jedoch vorsichtig sein. Bei zu reichlicher Verwendung ist der Geschmack fast beißend, also nicht jedermanns Sache.

Seezungen auf Champignons

◎ Für 4 Personen
◎ Pro Portion: ca. 400 kcal

12 Seezungenfilets (à 50 g), Saft von 1 Zitrone, 300 g Champignons, 5 Schalotten, 75 g Butter, 1/8 l weißer Burgunder, Pfeffer aus der Mühle, Salz, Zucker nach Geschmack, 2 EL Crème fraîche, 2 EL Weizenmehl, 1 Bund Dill, 1 Bund Petersilie, 1 Zitrone in Scheiben

Für die Zubereitung von Seezungen gibt es eine Vielzahl von Rezepten. Dieses Rezept ist schnell und ohne großen Zutatenaufwand nachzukochen, also ideal, wenn Sie Anhänger der Bistro-Küche sind.

1 Die Seezungenfilets kurz unter fließendem Wasser waschen, mit Küchenpapier trockentupfen und mit etwas Zitronensaft beträufeln.

2 Die Champignons putzen, kurz unter fließendem Wasser waschen und in sehr dünne Scheiben schneiden. Mit dem übrigen Zitronensaft beträufeln. Die Schalotten schälen und fein hacken.

3 25 g Butter in einer Pfanne erhitzen, die Schalottenwürfel darin glasig braten, die Pilzscheiben zufügen und so lange garen, bis der austretende Saft eingekocht ist. Mit dem Burgunder aufgießen und diesen fast einkochen lassen. Mit Pfeffer, Salz und Zucker abschmecken, die Crème fraîche einrühren. Heiß halten.

4 Die Seezungenfilets abtupfen, mit Salz und Pfeffer bestreuen und in Mehl wenden. In der restlichen Butter auf jeder Seite 2–3 Minuten bei milder Hitze braten.

5 Dill und Petersilie waschen, trockenschwenken, je die Hälfte der Petersilie und des Dills fein hacken.

6 Auf einer vorgewärmten Platte die Champignons in ihrer Sauce anrichten und mit ge-

hackter Petersilie bestreuen. Die Seezungenfilets daraufbetten und mit geschnittenem Dill bestreuen. Die Platte mit Zitronenscheiben und den restlichen Kräutern garnieren.

Rührei mit geräuchertem Forellenfilet

◎ Für 2 Personen
◎ Pro Portion: ca. 395 kcal

2 ausgelöste, gehäutete Forellenfilets (à 100 g), 4 Eier, 1 EL Wasser, Salz, Pfeffer aus der Mühle, 20 g Butter, 1 TL gehackter Dill

1 Die Forellenfilets in kleine Stücke zerpflücken. Eier, Wasser, Salz und Pfeffer mit einer Gabel gründlich verschlagen, bis sich an der Oberfläche ein zarter Schaum bildet.

2 Die Butter in einer beschichteten Pfanne erhitzen und die Eimasse hineingießen. Sobald sie an der unteren Seite zu stocken beginnt, die Forellenstückchen daraufstreuen. Mit einem Spatel so lange rühren, bis die Masse gestockt, aber noch feucht ist.

3 Mit Dill bestreuen und sofort auf vorgewärmte Teller verteilen.

Ein Rezept für Räucherfischliebhaber, die nicht lange in der Küche stehen wollen. Auch der Einkauf ist problemlos, denn geräucherte Forellenfilets finden Sie im Kühlregal der meisten Supermärkte.

Vor der Zubereitung den geräucherten Fisch sorgfältig häuten und entgräten.

Fischerfrühstück

◎ Für 4 Personen
◎ Pro Portion: ca. 565 kcal

2 geräucherte Makrelenfilets, 60 g Butter, 8 Eier, 4 EL Wasser oder Milch, Salz, Pfeffer aus der Mühle, 1 EL gehackter Dill

1 Das Makrelenfilet sorgfältig enthäuten, entgräten und in Stücke teilen.

2 Die Butter in einer Pfanne erhitzen und den Fisch kurz darin anbraten.

3 Eier, Wasser oder Milch, Salz, Pfeffer und Dill mit einem Schneebesen verquirlen, bis ein leichter Schaum entsteht. Über den Fisch gießen. Das Rührei mit einer Gabel verrühren und auflockern. Die Pfanne vom Herd nehmen sowie die Eimasse zu stocken beginnt. Sofort servieren. Das Rührei kann auch auf in Butter gerösteten Weißbrotscheiben angerichtet werden.